MICHAEL HORST

Puccini
Tosca

Weitere Bände der Reihe **OPERNFÜHRER KOMPAKT:**
Daniel Brandenburg ▪ Verdi ▪ Rigoletto
Detlef Giese ▪ Verdi ▪ Aida
Clemens Prokop ▪ Mozart ▪ Don Giovanni
Robert Maschka ▪ Beethoven ▪ Fidelio
Olaf Matthias Roth ▪ Puccini ▪ La Bohème

Für Jörg, il mio romano

Michael Horst, aufgewachsen in Rinteln / Weser, studierte Germanistik, Musikwissenschaft und Italienisch in Marburg, Münster und Bologna. 1986 Magisterabschluss mit einer Arbeit über *Die Rezeption des Orpheus-Mythos im Opernlibretto.* 1987–1995 im Feuilleton der *Westfälischen Nachrichten* Münster tätig, anschließend bis 2002 bei der *Berliner Morgenpost*. Seitdem arbeitet er als freier Journalist von Berlin aus für Printmedien und Radio, außerdem von 2003–2010 als Pressesprecher des Jugendorchesterfestivals Young Euro Classic.

OPERNFÜHRER KOMPAKT

MICHAEL HORST

Puccini
Tosca

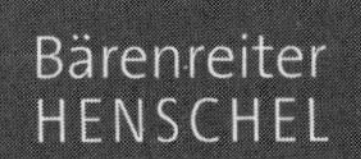

Danken möchte ich Susanne Van Volxem für die kluge Lenkung dieses *Tosca*-Projekts und Sabine Bayerl für ihre kritisch-tolerante Durchsicht des Manuskripts. Mein besonderer Dank geht an Jens Thoben, als begeisterten Kenner der *Tosca*-Partitur, für seine stets anregenden Fragen und Kommentare.

Bibliografische Information der Deutschen Nationalbibliothek
Die Deutsche Nationalbibliothek verzeichnet diese Publikation in der Deutschen Nationalbibliografie; detaillierte bibliografische Daten sind im Internet über www.dnb.de abrufbar.

www.baerenreiter.com
www.henschel-verlag.de

Gemeinschaftsausgabe der Verlage Bärenreiter, Kassel, und
Seemann Henschel GmbH & Co. KG, Leipzig
Umschlaggestaltung: Carmen Klaucke, Berlin, unter Verwendung eines Fotos von Andrea Kremper (»Tosca« mit Catherine Naglestad als Tosca und Tom Fox als Scarpia in der Inszenierung von Nikolaus Lehnhoff am Festspielhaus Baden-Baden, 2007)
Lektorat: Sabine Bayerl, Heidelberg
Bildredaktion: Susanne Van Volxem, Frankfurt a. M.
Innengestaltung: Dorothea Willerding, Kassel
Satz: Das Herstellungsbüro, Hamburg
Notensatz: Tatjana Waßmann, Winnigstedt
Druck und Bindung: GGP Media GmbH, Pößneck
ISBN 978-3-89487-913-6 (Henschel) ▪ ISBN 978-3-7618-2283-8 (Bärenreiter)
www.henschel-verlag.de ▪ www.baerenreiter.com

Inhalt

»Tosca« – ein Thriller vor der Kulisse Roms

»Was für ein stohdummes Gespenst eines Schockers … – Oh, wenn es doch nur eine Oper gewesen wäre!«
George Bernard Shaw über *La Tosca* von Victorien Sardou

Was für eine Geschichte! Was für ein Panorama! Vor der Kulisse der Ewigen Stadt lässt Giacomo Puccini mit seiner Oper *Tosca* einen Thriller ablaufen, der seinesgleichen sucht. 110 Minuten Musiktheater, prall gefüllt mit Emotionen, ein spannungsgeladenes Knäuel aus *sex and crime* – mit der erschütternden Bilanz von vier Toten. Eine Oper, die sich seit ihrer Uraufführung in Rom am 14. Januar 1900 der Zuneigung des Publikums immer und überall sicher sein kann. Auch in Deutschland sprechen die Zahlen eine deutliche Sprache: Laut *Jahrbuch des Deutschen Bühnenvereins* gab es im deutschsprachigen Raum in der Saison 2009/2010 nicht weniger als 19 laufende Inszenierungen mit genau 136 Aufführungen. Die Zahl von 137 535 Besuchern brachte *Tosca* auf den zehnten Platz in der Rangliste der meistbesuchten Opern und damit – nicht zum ersten und sicher nicht zum letzten Mal – unter die Top Ten der Opernlieblinge.

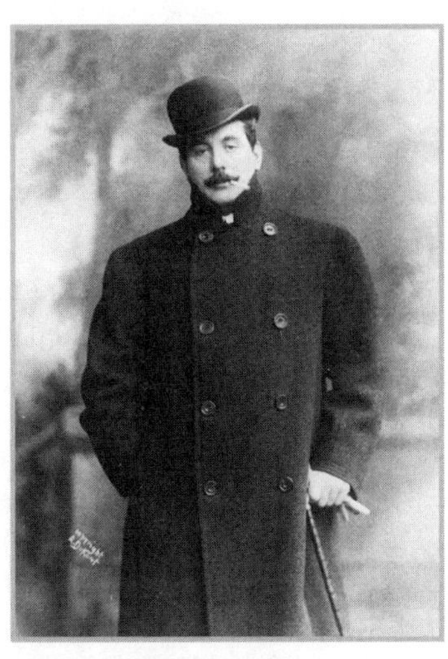

Eleganter Herr mit Hut: Giacomo Puccini kurz vor 1900, zur Entstehungszeit der »Tosca«.

Ganz ohne Zweifel handelt es sich bei *Tosca* um ein Meisterwerk – wenn man die weltanschaulich gefärbte Brille der Wagner-Jünger von gestern und heute absetzt. Nicht jeder Opernheld muss vom Erlösungswahn getrieben sein, es geht auch irdisch-menschlicher. Wie bei Giacomo Puccini. Wo Wagners Isolde »in des Welt-Atems wehendem All« ertrinkt und versinkt, springt die verzweifelte Tosca am Ende in den Abgrund – auch dies ein Liebestod, nur ohne Verklärung. Schon Gustav Mahler, damaliger Direktor der Hofoper in Wien und sinfonischer Kollege des Italieners, bezeichnete die *Tosca* als »Meisterwerk« – allerdings vergiftete er seinen »Ritterschlag« mit dem böswilligen Füllwörtchen »mach« und degradierte die Oper damit zum »Meister*mach*werk«. Doch was hat Puccini wirklich »gemacht«? Gerade der Einblick in die Künstlerwerkstatt beweist, wie ein solches Meisterwerk entstehen konnte, wie in fast dreijährigem Kampf zwischen Librettisten, Komponist und Verleger darum gerungen wurde, aus der Vorlage des Franzosen Victorien Sardou das bestmögliche Libretto für die Oper zu destillieren. Welch ein Unterschied zwischen dem geschwätzigen, geschichtslastigen Drama Sardous und dem knappen, atemberaubend vorwärtsdrängenden Text der Oper!

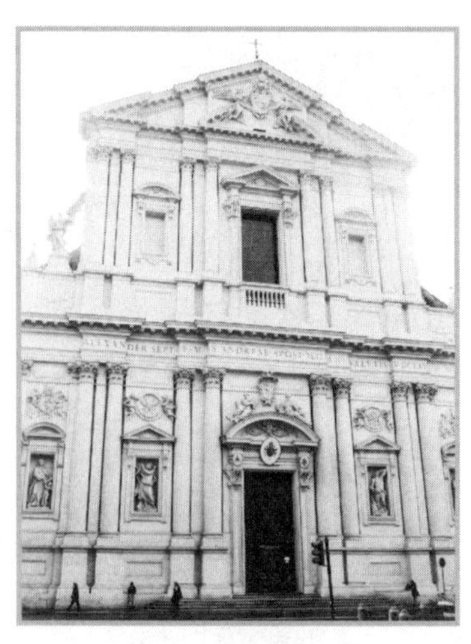

Schauplatz des 1. Aktes: Fassade der zwischen 1591 und 1665 erbauten Kirche Sant'Andrea della Valle mitten in der Altstadt von Rom.

Einzigartig ist *Tosca* in ihrer historisch-geografischen Festlegung. In welcher anderen Oper sind die Schauplätze so präzise angegeben, dass man sie auf der Landkarte – oder besser: dem Stadtplan – wiederfinden kann? Zwar hat beispielsweise auch Sevilla als Kulisse für viele berühmte Opern gedient; doch weder in Rossinis *Barbier* noch in Beethovens *Fidelio* oder Bizets *Carmen* spielt die Örtlichkeit eine wirklich wichtige Rolle. Anders in *Tosca*: Hier lohnt es sich, die historischen Schauplätze Sant'Andrea della Valle, Palazzo Farnese und Engelsburg in dreifacher Hinsicht zu beleuchten: Welche jahrhundertealte Geschichte steckt in diesen Bauwerken? Wie sahen sie anno 1800 aus, im Jahr der Opern-

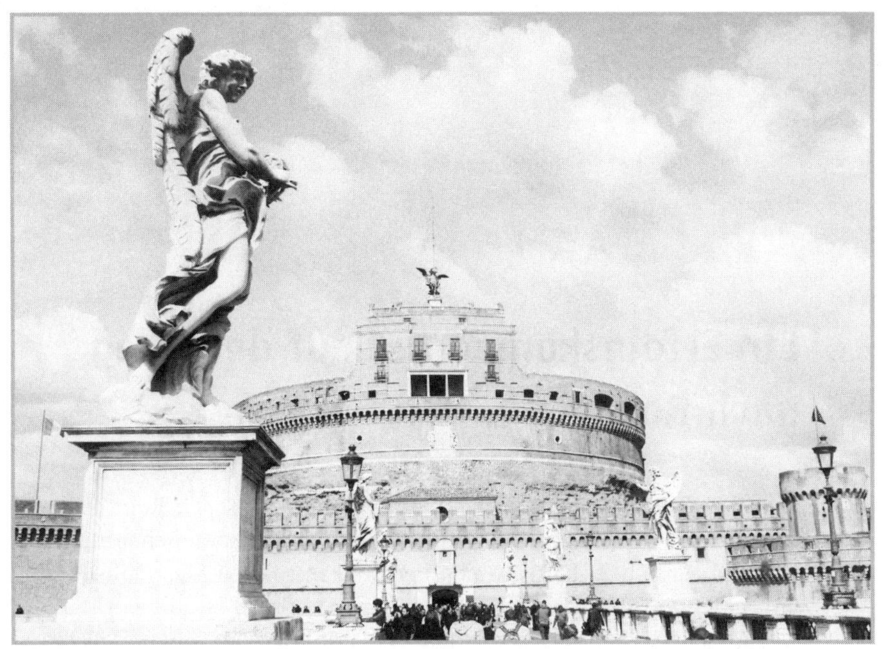

handlung? Und was musste passieren, dass aus ihnen eine operntaugliche Kulisse werden konnte?

Apropos 1800: Eine zweite Besonderheit der *Tosca* ist die präzise Datierung auf den 17. / 18. Juni 1800. Also auf jene dramatischen Stunden, in denen Rom schwer erschüttert wurde von Napoleons vermeintlicher Niederlage (und seinem endgültigen Sieg) in Norditalien gegen die Österreicher. Wo in anderen Opern bisweilen Jahre ins Land ziehen, folgen hier die Aktionen Schlag auf Schlag – summa summarum eine Zeitspanne von gerade einmal 18 Stunden. Auch wenn die Geschichte von *Tosca* frei erfunden ist: Der historische Hintergrund stimmt. Welche politische Situation herrschte also um 1800 in Rom, dass sich eine berühmte Sängerin, ein leidenschaftlicher Maler und ein brutaler Polizeichef in dem tödlichen Netz ihrer Emotionen verfangen konnten?

Schauplatz des 3. Aktes: Das Castel Sant'Angelo (Engelsburg) wurde ursprünglich als Mausoleum für die römischen Kaiser errichtet.

Auch auf diese Fragen will das vorliegende Buch Antworten geben. Vor allem aber George Bernard Shaws prophetisches Bonmot bekräftigen: Wie gut, dass aus *Tosca* eine Oper geworden ist!

Ein Erfolgskomponist auf dem Weg nach Rom

Als Giacomo Puccini im Dezember 1899 den Zug nach Rom besteigt, um dort die Proben zur Uraufführung seiner neuesten Schöpfung *Tosca* zu überwachen, kann er sich beruhigt in seinem Eisenbahn-Coupé zurücklehnen. Mit 41 Jahren hat er es geschafft! Er ist unbestritten der erfolgreichste (und bestverdienende) Komponist der jüngeren Generation und darf sich damit als legitimer Nachfolger des greisen Giuseppe Verdi fühlen, der seinen Lebensabend auf seinem Gut in Sant'Agata bei Parma verbringt. Seit der Uraufführung von Puccinis letzter Oper *La Bohème* sind knapp vier Jahre vergangen. In dieser Zeit ist das Werk zu einem absoluten Publikumsrenner geworden – nicht nur in Italien, wo man dem Komponisten in Mailand genauso wie in Rom und Palermo gehuldigt hat. Er war auch in Manchester zur englischsprachigen Premiere und in Paris, wo es auf Französisch erklang. Außerdem hat man *La Bohème* bereits genauso erfolgreich an den großen Opernhäusern in Berlin, Wien, St. Petersburg und am Covent Garden in London gespielt. Sein Verleger, der väterliche Giulio Ricordi, kann mit ihm zufrieden sein. Denn die Aufführungstantiemen fließen reichlich …

Und *La Bohème* ist nicht seine einzige Erfolgsoper, wie bei anderen Kollegen und Konkurrenten, die an der Schwelle zum neuen Jahrhundert ein ganz neues Kapitel in der italienischen Operngeschichte aufgeschlagen haben. Da ist der alte Freund Pietro Mascagni, mit dem er in Mailänder Studentenzeiten sogar die Wohnung geteilt hat: Dessen Arme-Leute-Geschichte *Cavalleria rusticana* konnte vor zehn Jahren, 1890, einen enormen Erfolg verbuchen; aber nur seine *Iris* im letzten Jahr ist ebenfalls auf wohlwollende Resonanz gestoßen. Da ist der ein Jahr ältere Ruggero Leoncavallo, dessen Einakter *Pagliacci – Der Bajazzo* 1892 eine Sensation war und seitdem allüberall gespielt wird. Er hat 1897 zwar ebenfalls eine *Bohème* komponiert, die aber in der Publikumsgunst deutlich hinter Puccinis Werk zurücksteht. Dann wären da noch Alfredo Catalani, der 1893, ein Jahr nach seinem größten Erfolg *La Wally*, erst 39-jährig an Tuberkulose gestorben ist, und Umberto Giordano, dessen Oper *Andrea Chénier* seit der Premiere 1896 an der Mailänder Scala ebenfalls zum Dauerbrenner avancierte – eigentlich ein gutes Zeichen, denn mit Revolutionswirren, Liebe und Erpressung ist der *Andrea-Chénier*-Stoff der *Tosca* durchaus verwandt. Und wenn seine Konkurrenten ähnliche oder sogar gleiche Sujets in Töne umsetzen, dann sieht Puccini das eher als eine sportliche Herausforderung, um sich mit ihnen zu messen – und sie natürlich zu übertrumpfen!

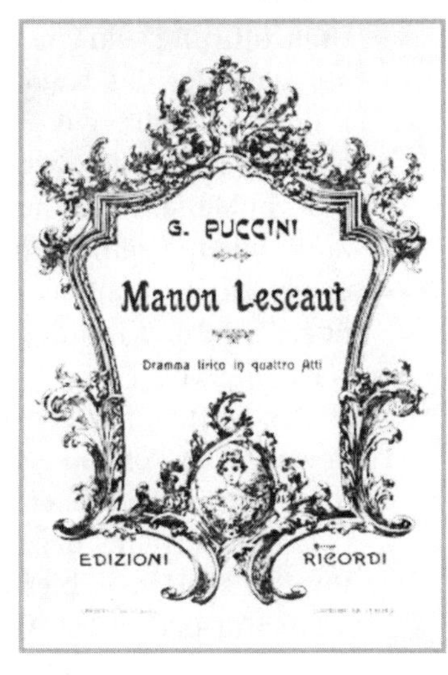

Das ist auch schon bei seiner zweiten Erfolgsoper so gewesen, der *Manon Lescaut*. Immerhin hat erst vor wenigen Jahren Jules Massenet in Paris den berühmten Roman des Abbé Prévost auf die Opernbühne gebracht und damit einen sensationellen Erfolg erzielt. Aber Puccini ficht das nicht an; Massenet habe den Stoff »wie ein Franzose abgehandelt«, wischt er alle Einwände beiseite, »mit Puder und Menuett«. Er habe etwas anderes im Sinn: »Ich werde es wie ein Italiener behandeln – mit verzweifelter Leidenschaft!« Nach dreijähriger, mühevoller Arbeit, bei der ein halbes Dutzend Librettisten verschlissen wird, findet schließlich am 1. Februar 1893 im Teatro Regio in Turin die Uraufführung statt – 30 Vorhänge am Ende für Komponist und Protagonisten beweisen den rauschenden Erfolg. Die Kritiker überschlagen sich, das Werk wird noch im selben Jahr (!) in Buenos Aires und Rio de Janeiro, St. Petersburg, München und (unter Gustav Mahlers Leitung) auch in Hamburg gespielt. Und nach der englischen Erstaufführung in Londons Covent Garden Opera schreibt ein junger Musikkritiker namens George Bernard Shaw die Worte, die Puccini

Puccinis zweite Erfolgsoper: »Manon Lescaut« (1893) nach dem Roman »Histoire du Chevalier Des Grieux et de Manon« von Antoine-François Prévost d'Exiles (1697–1763), besser bekannt als »L'Abbé Prévost«.

voller Stolz die Brust hätten schwellen lassen, wenn sie ihm zu Ohren gekommen sein sollten: »Puccini scheint mir mehr als jeder andere der Erbe Verdis zu sein.«

Refugium am See: Puccinis Villa in Torre del Lago

Zurück in die Dezember-Tage des Jahres 1899: Auch diesmal hat sich Giacomo Puccini von Torre del Lago aus auf den Weg nach Rom zur Uraufführung gemacht. Der kleine Ort liegt in der nördlichen Toskana, am Westufer des Lago di Massaciuccoli, nicht weit entfernt von der Hafenstadt Viareggio. Puccini liebt diesen Ort, dorthin zieht es ihn mit aller Macht zurück, wenn er längere Zeit auf Reisen gewesen ist, um etwa in Mailand die Geschäfte mit seinem Verleger zu besprechen oder zu Premieren seiner Opern im In- und Ausland zu reisen. So schreibt er im Mai 1898 aus Paris, wo er die Proben für die *Bohème*-Premiere überwacht und ihn das Stadtleben immer mehr anödet: »Ich habe die Nase voll von Paris. Ich lechze nach dem wohlriechenden Wald mit seinen Düften, ich lechze danach, meinen Körper in weiten Hosen frei bewegen zu können, ohne *Gilet*. Ich lechze nach dem Wind, der frei und duftend vom Meer herüberweht ...«

In Torre del Lago fühlt sich der durch und durch bodenständige Puccini zu Hause, hier hat er den See vor der Tür und die majestätischen Ausläufer der Apuanischen Alpen vor Augen. Vor allem aber hat der Komponist hier die nötige Ruhe, um sich konzentriert seiner Arbeit zu widmen. Was nicht bedeutet, dass er sich abschottet von der Dorfbevölkerung. Ganz im Gegenteil: Puccini sucht den Kontakt zu den befreundeten Künstlern in Torre del Lago, er feiert mit ihnen und genießt es, sie um sich zu haben, sogar wenn er komponiert. Dafür gibt es eigens eine Hütte, die mit einer feierlichen Eröffnungszeremonie auf den Namen »Club de Bohème« getauft worden ist. Wehe aber, wenn einer der feierlustigen Kumpane es wagt, Puccinis gerade entstehende Melodien nachzusingen ...

Puccini wohnt während der *Tosca*-Komposition (also 1898 / 1899) in einem angemieteten Haus in Torre del Lago, dessen landschaftliche Schönheit er schon 1891 für sich entdeckt hat. Doch ermutigt von dem Erfolg der *Bohème*, der die Tantiemen reichlich fließen lässt, entschließt er sich im August 1899 – *Tosca* steht kurz vor der Vollendung –, einen alten Wohnturm in schönster Lage direkt am Lago di Massaciuccoli zu kaufen, abreißen und komplett neu bauen zu lassen. Dort entsteht in kürzester Zeit seine berühmte Villa, in die er schon im März 1900, zwei Monate nach der Uraufführung der *Tosca*, mit seiner Familie – der Lebensgefährtin Elvira, deren 20-jähriger Tochter Fosca und dem gemeinsamen 14-jährigen Sohn Tonio – einzieht.

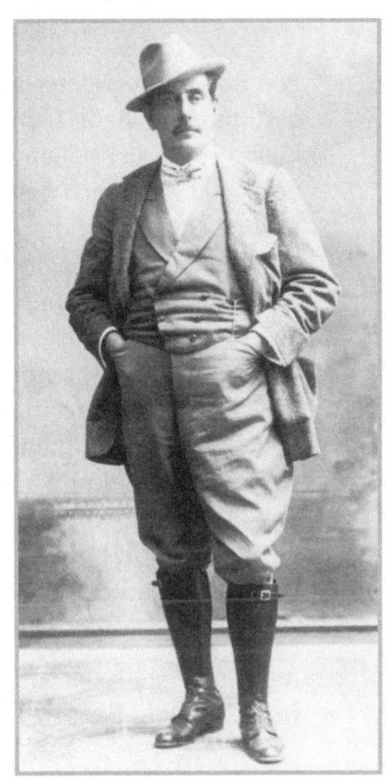

Puccini, der die Natur rund um den See bei Torre del Lago vor allem zum Jagen und Fischen nutzte, im Freizeitlook. Um 1902.

Puccinis Villa in Torre del Lago ist bis heute der wichtigste Pilgerort für Puccini-Fans aus aller Welt geblieben. Man spürt dort die inspirierende Energie der idyllischen Lage direkt am See, bevor man in die Welt Puccinis eintaucht, wie sie schon 1925 von seinem Sohn konserviert wurde und heute von der Enkelin Simonetta hartnäckig und in vollem Bewusstsein ihrer besonderen Stellung als »einzige Erbin« (vgl. Kasten S. 16) verteidigt wird. Es ist eine Mischung aus Museum und Mausoleum – schließlich wurden 1926 die sterblichen Überreste des Komponisten aus dem Dom in Mailand hierher gebracht und, mit einer Sondergenehmigung des Erzbischofs von Lucca, in dem eigens zur Kapelle umgebauten früheren Speiseraum des Hauses bestattet.

Im großen Salon mit dem offenen Kamin steht noch das Klavier der Oberlausitzer Klavierbaufirma August Förster mit dem besonderen Dämpfer-Mechanismus, an dem Puccini nächtens seine Werke entworfen hat, daneben der geräumige Schreibtisch mit Platz für große Partituren. Unzählige Fotos, Briefe, Manuskripte, Widmungen, Urkunden und andere persönliche Dokumente spiegeln die gewaltige internationale Resonanz des Komponisten. Doch die Villa selbst wirkt insgesamt eher bescheiden und durchaus nicht auf elegante Repräsentation ausgelegt.

Hier entstehen in 20 Jahren ab der Jahrhundertwende Puccinis reife Opern, von *Madama Butterfly* (1904) bis zu den drei Einaktern, die 1918 als *Il Trittico* an der Met, der Metropolitan Opera in New York, uraufgeführt werden. Dann kauft ein Stromunternehmen den ganzen See und errichtet in unmittelbarer Nähe der Villa ein Kraftwerk, gefüttert mit dem Torf aus der nahen Umgebung. Ein klotziges Gebäude mit zwei hohen Schornsteinen, dazu das Kommen und Gehen von 1000 Arbeitern machen mit einem Schlag die Ruhe zunichte und treiben Puccini in die Flucht. In aller Eile lässt er sich eine neue Villa im nahen Viareggio bauen, seinerzeit schön gelegen am Ortsrand zwischen einem Piniengürtel auf der einen Seite und dem nahen Meer auf der anderen, ausgestattet mit modernsten technischen Erfindungen wie einer Radioantenne oder einer künstlichen Bewässerungsanlage. 1921 ziehen die Puccinis ein, nur drei Jahre später stirbt der 65-Jährige in Brüssel an Kehlkopfkrebs. Heute harrt diese Villa, in bedauernswertem Zustand und als normales Wohnhaus genutzt, der Erweckung aus ihrem Dornröschenschlaf. Juristische Auseinandersetzungen um die Besitzverhältnisse haben bisher eine würdige Nutzung im Sinne Puccinis verhindert.

Boccherini, Catalani, Geminiani: Nicht nur Puccini wurde in Lucca geboren

Bleibt noch der dritte Punkt in Puccinis toskanischem Dreieck: Lucca, seine Geburtsstadt. Kaum 20 Kilometer entfernt in östlicher Richtung auf dem Wege nach Florenz, atmet die 85 000-Einwohner-Stadt einen völlig anderen Geist. Spaziert man heute durch die engen, auf dem römischen Fundament geradlinig angelegten Gassen der Altstadt, fällt es nicht schwer, sich in das Jahr 1858 zurückzuversetzen, als Giacomo Antonio Domenico Michele Secondo Maria Puccini hier am 22. Dezember das Licht der Welt erblickte. Umgeben von einer komplett erhaltenen Befestigungsanlage aus dem 16./17. Jahrhundert, hat sich das einstmals durch Seidenfabrikation reich gewordene Lucca länger als viele mächtigere Städte über Jahrhunderte seine Unabhängigkeit als Stadtrepublik erhalten können. Erst Napoleons Truppen machten dem ein Ende; eine Schwester des Franzosen, Elisa Bonaparte, übernahm die Regentschaft als Herzogin von Lucca. Sie hat im Stadtbild nicht nur durch die quadratische Piazza Napoleone, sondern auch durch die Umwandlung der Wallanlage in einen großen Park fortdauernde Zeugnisse ihrer zupackenden Amtsführung hinterlassen – insofern dürfte der Name »Napoleon« in Lucca noch lange im Gedächtnis geblieben sein. Doch seine Herrschaft war bekanntlich nicht von langer Dauer, nach dem Wiener Kongress wechselten die neuen Herrscher mehrfach. Als

Puccini 1858 geboren wurde, war Lucca längst dem Großherzogtum Toskana zugeschlagen worden, das wenige Jahre später Teil des Königreichs Piemont-Sardinien und des daraus entstandenen vereinigten Königreichs Italien wurde.

Die Spuren seiner ersten Lebensjahre führen zur Piazza Puccini, genauer gesagt: zur Via del Poggio mit dem Geburtshaus des Komponisten im Corte S. Lorenzo. Mobiliar und Gestaltung der Räume versuchen, die Zeit von Puccinis Jugend widerzuspiegeln. Allerdings sind die Dokumente eher spärlich und beziehen sich auf das ganze Leben, nicht aber gezielt auf die frühen Luccheser Jahre. Immerhin wird klar, dass der junge Giacomo von Anfang an für eine Musikerlaufbahn bestimmt war, da bereits sein Ur-Ur-Großvater, ebenfalls mit Namen Giacomo (1712–1781), Mitte des 18. Jahrhunderts das Musiker-Gen erstmals zu ansehnlicher Blüte gebracht hatte. Von Generation zu Generation wurde es weitervererbt; auch Giacomos Vater Michele (1813–1864) hatte den hoch angesehenen Posten des Kapellmeisters und Organisten an der Kathedrale San Martino inne. Höhepunkt seines künstlerischen Lebens dürfte jener Tag gewesen sein, als Papst Pius IX. (Pontifikat 1846–1878) – der »Erfinder« des Unfehlbarkeitsdogmas – im Jahr 1857 als erster Papst seit 300 Jahren Lucca besuchte und Michele Puccini ihm ein 32-stimmiges *Ecce sacerdos*, komponiert eigens für diesen Anlass, überreichen konnte.

Seit September 2011 wieder geöffnet: Puccinis Geburtshaus im Corte San Lorenzo 8 in Lucca.

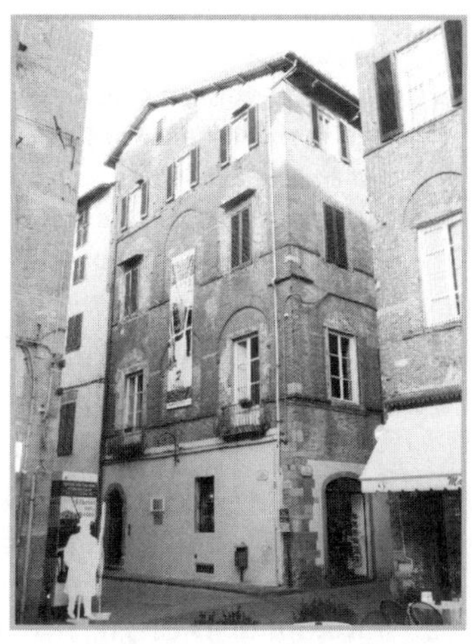

Wie kommt es, dass immer wieder der älteste Sohn die entsprechende Begabung mitbrachte, um die musikalischen Erwartungen der Familie zu erfüllen? Sicherlich stand bei den Kapellmeistern aus der Familie Puccini (wie überhaupt im 18. und frühen 19. Jahrhundert) das Handwerk des Komponierens im Vordergrund, nicht etwa das Genie. Aber vielleicht lag diese Begabung auch in der Luccheser Luft?! Schließlich ist die Häufung berühmter Komponisten, die hier das Licht der Welt erblickten, nahezu einmalig: Der bedeutendste nach Puccini war sicherlich Luigi Boccherini (1743–1805), dessen Namen seit 1943

Streit um das Geburtshaus

Die Wohnung im zweiten Stock des Palazzo, in dem Giacomo mit seinen Eltern und den Geschwistern aufwuchs, ist seit September 2011 wieder als Museum zugänglich. Die lange Schließung seit 2004 war einem Durcheinander geschuldet, wie es unter den Erben prominenter Künstler des Öfteren vorkommt, verstärkt noch durch das wohlbekannte juristische Dickicht in Italien. Zunächst schien die dringend notwendige Renovierung des Hauses durch ein Legat der letzten Familienangehörigen, Puccinis Schwiegertochter Rita dell'Anna Puccini, gesichert. Doch einer unehelichen Tochter des Puccini-Sohnes Antonio, Simonetta Giurumello, gelang es nach langwierigem Rechtsstreit, als rechtmäßige Enkelin Puccinis anerkannt zu werden. Damit sicherte sie sich auch Ansprüche auf das Erbe. Die geplanten Baumaßnahmen wurden gestoppt, und da die Stadt Lucca sich nicht in der Lage sah, den wasserdichten Nachweis über das Legat vorzulegen, musste zuletzt eine salomonische Lösung her: Die Stiftung der Stadtsparkasse Lucca kaufte die Puccini-Wohnung Ende 2010 für 750 000 Euro der Puccini-Enkelin Simonetta ab und übernahm die Sanierung – vorläufiger Schlusspunkt einer langen, turbulenten Geschichte.

auch das Konservatorium von Lucca trägt. Boccherini, der italienische Gegenpol zu den Wiener Klassikern Mozart und Haydn, war ein Cellovirtuose höchsten Grades und äußerst fruchtbarer Kammermusik-Komponist. Er gilt neben Haydn als Erfinder des Streichquartetts, das ab 1760 schnell zum Inbegriff des geist- und anspruchsvollen Musizierens wurde. Dass Boccherinis Gebeine 1927 aus Madrid nach Lucca zurückgebracht und in der Kirche San Francesco beigesetzt wurden, war nicht zuletzt auch der Tatsache zu verdanken, dass sich Puccini einst dafür sehr eingesetzt hatte.

Bereits genannt wurde sein Freund und Kollege Alfredo Catalani, der schon früh mit ersten Opern Erfolg hatte, von denen *Loreley* (1890) und *La Wally* (1892, nach dem Edelkitsch-Roman *Die Geier-Wally* von Wilhelmine von Hillern) zumindest in Italien noch heute gelegentlich im Repertoire zu finden sind. Mit dem zunehmenden Erfolg Puccinis trübte sich das Verhältnis zu Catalani, der sich in der Gunst des Verlegers Ricordi zurückgedrängt sah. Nicht vergessen werden soll auch der seinerzeit berühmte Violinvirtuose Francesco Geminiani, geboren 1687 in Lucca, der später den größten Teil seines Lebens in London verbrachte. Dort schrieb er das wichtige Lehrbuch *The Art of Playing the Violin* (1731) und hielt als geschätzter Kollege Händels vor allem mit seinen Violinsonaten und Concerti grossi die Fahne der italienischen Kompositionsschule erfolgreich hoch. Geminiani starb in Dublin 1762.

Jugend und Studium am Konservatorium in Lucca

Das Leben scheint für Puccini in seinen Jugendjahren einigermaßen unspektakulär abgelaufen zu sein. Zwar ist sein Beruf als Musiker quasi per Familientradition vorbestimmt, aber Vater Michele, der Organist, stirbt, als Giacomo gerade fünf Jahre alt ist. Danach muss die 33-jährige Mutter Albina die beiden Söhne und die fünf Töchter (mit den so unkatholischen Namen Odilia, Tomaide, Iginia, Nitteti und Ramelde) allein durchbringen. Doch die resolute *mamma* tut alles dafür, um ihrem Ältesten den Weg zum Erfolg zu ebnen, und engagiert schon früh seinen Onkel Fortunato Magi als Lehrer für Gesang und Orgelspiel. Giacomo selbst soll wenig Engagement gezeigt haben, um wirkliche Fortschritte in der Musik zu machen. Immerhin beginnt er mit 14, selbst »professionell« die Orgel in Lucca und Umgebung zu spielen und damit zum Lebenserhalt der Familie beizutragen. Hat dieser Broterwerb ihm das Orgelspiel verleidet? Jedenfalls ist in späteren Jahren nie wieder davon die Rede gewesen, dass sich Puccini je an eine Orgel gesetzt hätte.

Ab dem 16. Lebensjahr entstehen die ersten Kompositionen, natürlich geistlicher Art. Kolportiert wird auch, dass der junge Organist sich schon damals den Tadel seiner frommen Schwester Iginia (und nicht nur ihren) eingehandelt habe, weil er in seine Orgelimprovisationen während der Messe zu oft populäre Opernmelodien einschmuggelte. Das große Erweckungserlebnis darf man auf den März 1876 datieren, als der 18-jährige Puccini seine erste vollständige Oper sieht und hört: Verdis *Aida*, gerade fünf Jahre zuvor in Kairo uraufgeführt. Später erinnert er sich: »Als

Der junge Puccini zu Mailänder Zeiten, um 1880. Im selben Jahr begann er sein Studium am dortigen Konservatorium, das er dank eines Stipendiums von Königin Margherita antreten konnte.

ich in Pisa die *Aida* gehört hatte, spürte ich, dass ein musikalisches Fenster für mich aufgegangen war.« Die Konsequenz mag ihm schnell klar geworden sein: Oper statt Orgel. Doch wie sollte er diesen Wunsch realisieren? Mailand, mit mehreren Opernhäusern das Eldorado aller Opernfreunde und Musikstudenten, ist weit, und am nötigen Geld zum Leben in der Fremde fehlt es allemal.

Insofern wundert es nicht, dass weitere kostbare Jahre vergehen, bis das Ziel allmählich in greifbare Nähe rückt. In dieser Zeit lernt Puccini sein Handwerkszeug vor Ort am Istituto musicale Pacini – das Konservatorium erhielt später den Namen Boccherinis – und lässt sich mehr und mehr mit eigenen Vokalkompositionen hören, darunter eine Messkomposition, die *Messa di Gloria*, die er nach zweijährigem Studium 1880 sozusagen als Examensarbeit vorlegt. Sie bringt ihm viel Applaus ein und bestätigt ihn in der Überzeugung, auf dem richtigen Weg gen Mailand zu sein. Dass er sich dieses Werkes nicht schämen muss, haben Wiederaufführungen seit der Wiederentdeckung 1950 und der folgenden »Zweit-Premiere« in Florenz bewiesen. Puccini scheint auch selbst recht zufrieden damit gewesen zu sein, baut er doch das *Agnus Dei* daraus 13 Jahre später als Madrigal in seine *Manon Lescaut* ein.

Endlich in Mailand: Student bei Amilcare Ponchielli

Das zweite Hindernis räumt Mutter Albina aus dem Weg. Sie richtet eine Bittschrift an die kunstsinnige junge Königin Margherita (Regierungszeit 1878–1900) – ihr verdankt übrigens auch die Pizza Margherita ihren Namen –, indem sie untertänigst an die ruhmreiche Musikertradition der Familie Puccini erinnert und um ein Stipendium »für meinen ehrgeizigen Sohn« nachsucht, damit er diese Tradition fortsetzen könne. Die königliche Unterstützung wird gewährt, allerdings nur für ein Jahr; für die zwei weiteren Jahre springt ein betuchter Onkel der Familie, Nicola Cerù, in die Bresche. Puccini brachte die Aufnahmeprüfung im November 1880 hinter sich – und bestand sie als bester seines Jahrgangs!

Dem Neu-Studenten aus Lucca wurden zwei Lehrer zugewiesen, die gegensätzlicher kaum hätten sein können, dafür aber den jungen Puccini mit den verschiedenen Strömungen der damaligen Musikwelt bekannt machten. Antonio Bazzini (1818–1897), heute völlig vergessen, stand der deutschen Tradition nahe, hatte in Leipzig gelebt und vermittelte dem jungen Puccini das kompositorische Rüstzeug mit Kontrapunkt, Melodieführung und strengem Satz. Der andere, Amilcare Ponchielli (1834–1886), war ein anderes Kaliber, höchst erfolgreicher Opernkomponist und Verfechter des italienischen Belcantos, dessen Anhänger gegen Wagners deklamatorische Verführungen wetterten. *La Gioconda*, 1876 uraufgeführt, ist noch heute gängiges Repertoirestück und dankbares Stimmfutter für große Sänger. Die Arie des Enzo Grimaldo *Cielo e mar – Himmel und Erde* darf auf keinem Tenoralbum fehlen, und das Ballett *Danza delle ore – Tanz der Stunden* bleibt ein Evergreen aller Wunschkonzerte. Bei der Komposition seiner *Tosca* dürfte sich Puccini oft genug an die Mailänder Begegnungen mit *La Gioconda* erinnert haben: ein ähnlich theatralisches Stück voller Intrigen und Erpressungen, eine Künstlerin als Titelfigur und ein Bariton-Schurke, der bei Ponchielli Barnaba statt Scarpia heißt, aber ebenso die Fäden in der Hand hält.

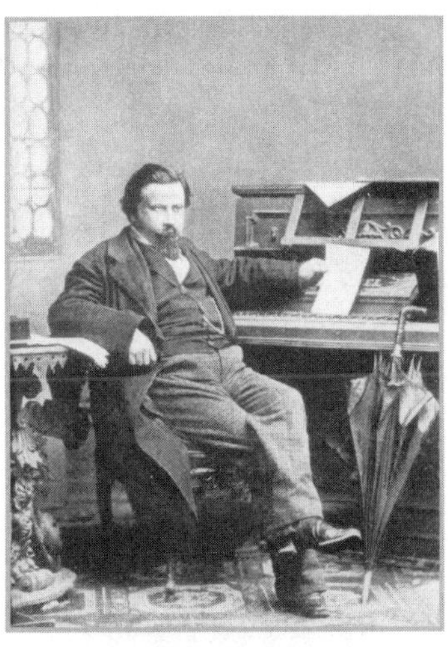

Puccinis Professor am Mailänder Konservatorium: der Komponist der Oper »La Gioconda«, Amilcare Ponchielli (1834–1886).

Ponchielli kümmerte sich geradezu väterlich um seinen Schüler, indem er ihn musikinteressierten Freunden vorstellte und empfahl. Sein Unterricht scheint weniger engagiert gewesen zu sein, wenn man Puccinis Schilderung glauben darf, der seine ganz eigenen Vorstellungen von Ehrgeiz und Fleiß hatte, wie er der Mutter brieflich beichtete: »Mein Lehrer ist so geistesabwesend, dass ich ihm die gleiche Hausaufgabe vorlege, die ich für Prof. Bazzini gemacht habe. Ich bringe ihm sogar die gleiche Fuge drei oder vier Mal mit leichten Abänderungen.« Man sieht, dass es anderer kompositorischer Fähigkeiten und nicht unbedingt der Beherrschung kunstvoller Fugen bedarf, um ein großer Opernkomponist zu werden! Und Puccini wollte ein großer Opernkomponist werden …

Ohne intellektuellen Ehrgeiz: der Künstler Puccini

Wer war dieser Giacomo Puccini? Insbesondere und vor allem ein Mann, der sich zeit seines Lebens in bemerkenswerter Weise treu geblieben ist. Der das einmal gesteckte Ziel mit großer Beharrlichkeit und nicht selten Starrsinn verfolgte. Ein musikalischer Einzelgänger, der keinerlei Schule begründete, der nicht einen einzigen Schüler unterrichtete. Der nie am Dirigentenpult stand und auch das Klavier nur zum Arbeiten benutzte. Intellektuelle Diskussionen waren ihm fremd; mit seinem Verleger tauschte er sich lieber (neben den laufenden Opernprojekten) über Kochrezepte aus. Obwohl Puccini in einer Zeit spannendster Um- und Aufbrüche am Übergang zum 20. Jahrhundert lebte, nahm er erstaunlicherweise keinerlei Anteil daran, so etwa an den revolutionären Erkenntnissen der Psychoanalyse durch Sigmund Freud. Die impressionistische Malerei eines Renoir, Monet und Cézanne erweckte nicht seine Aufmerksamkeit; seine neue Villa ließ sich der stolze Besitzer lieber von den befreundeten Malern aus Torre del Lago in einer Art italienischer Jugendstil ausschmücken.

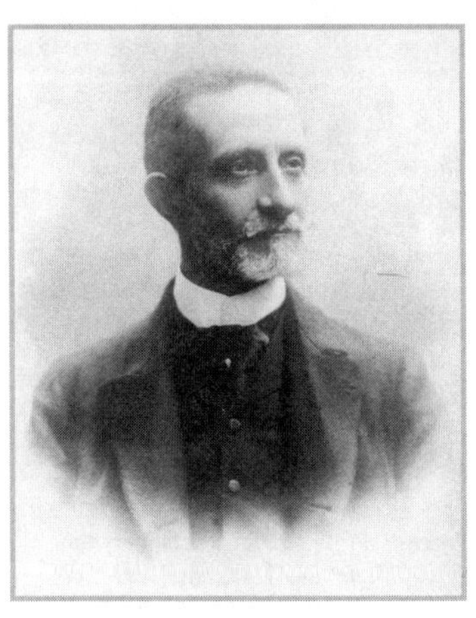

Väterlicher Freund und unermüdlicher Antreiber: der Musikverleger Giulio Ricordi (1840–1912).

Auch Literatur interessierte Puccini wenig; er las Romane und Theaterstücke nur in Hinblick darauf, ob sie als Opernlibretto zu gebrauchen wären (s. S. 26). Die italienischen Großmeister Dante, Boccaccio, Petrarca – gäbe es nicht *Gianni Schicchi*, den Einakter aus dem *Trittico*, der einer Episode in Dantes *Göttlicher Komödie* entnommen ist, dann hätte auch dieses literarische Dreigestirn keinerlei Abdruck in Puccinis Leben hinterlassen. Und nicht einmal die unermesslichen Kunstschätze seines Heimatlandes scheinen Eindruck auf ihn gemacht zu haben. Weder in seinen Briefen noch in den Erinnerungen seiner Biografen ist von den einzigartigen Malern und Bildhauern wie Michelangelo und Botticelli, Giotto oder Fra Angelico die Rede, die alle in der Toskana ihre unübersehbaren Spuren hinterlassen haben.

Diese offensichtliche »Missachtung« der toskanischen Kultur ist insofern auffällig, da die Verbundenheit mit der toskanischen Scholle – wie wir gesehen haben – Puccinis Leben entscheidend geprägt hat. Seine Wohnorte wählte er in einem Umkreis von knapp 50 Kilometern, am toskanischen Leben jedoch nahm er nur sehr selektiv, auf private Belange verengt, teil. Offizielle Feierlichkeiten waren ihm ein Graus und verursachten peinliche Momente der Unsicherheit. Gegenüber Ricordi klagt er am 15. Mai 1898: »Es hat gar keinen Zweck, mich zu drängen, ich bin für das Leben der Salons und Empfänge nicht geboren. Und weshalb soll ich den Idioten spielen? Ich sehe, dass ich so bin und nicht anders, und ich bedauere es nicht sehr. Aber ich wiederhole es; das ist meine Art, und Sie kennen mich.« Mailand stieß ihn ab (auch wenn er dort eine Wohnung kaufte, in der Via Verdi), New York mit seinem hektischen Lebenstempo imponierte ihm nur für kurze Zeit, Paris immerhin begann der Komponist wegen seiner besonderen Atmosphäre mehr und mehr zu schätzen (und verewigte die Stadt als Schauplatz in *La Bohème* und *Il tabarro – Der Mantel*). Dabei war sein Französisch durchaus limitiert, und in Hinblick auf seine Englischkenntnisse kokettierte er damit, gerade einmal die Zahlen bis zehn heruntersagen zu können. Das berühmte (und einzige) Dokument seiner Stimme, eine Trichteraufnahme aus New York von 1907, aufgenommen anlässlich der amerikanischen Premiere von *Manon Lescaut*, endet mit nur zwei englischen Worten: »America forever«. Dementsprechend bewegte sich Puccini, wo er auch war, am allerliebsten in der italienischsprachigen Community, und auch seine ausländischen Gefährtinnen wie Sybil Seligman oder Josephine von Stengel hatten für ihn den unschätzbaren Vorteil, fließend Italienisch zu sprechen und zu schreiben.

Ängstlich und opportunistisch: Puccini und die Politik

Bemerkenswert undifferenziert sind die wenigen bekannten Äußerungen zur Politik. Aus Paris schreibt der Komponist im Frühjahr 1898 an Ferruccio Pagni, den alten Kumpel und Kunstmaler aus Torre del Lago, der ihn für die Unterstützung eines Parlamentsabgeordneten gewinnen will: »Ich würde Parlament und Abgeordnete abschaffen, überhaupt sind mir diese ewigen Geschwätz-Produzenten *(questi eterni fabbricanti di chiacchiere)* lästig.« Für die Mailänder Hunger-Aufstände, die vom Militär brutal niedergeschlagen werden, hat er nur verächtliche Kommentare übrig. Sein Credo lautet: »Ich glaube nicht an die Demokratie, denn ich glaube nicht daran, dass man die Massen erziehen kann.« Wenn schon, dann solle man sich Deutschland zum Vorbild nehmen: »Ich bin deutschfreundlich, denn Deutschland ist der Staat, der am besten regiert wurde und als Modell für andere hätten dienen sollen.« Dieter Schickling findet in seiner Puccini-Biografie klare Worte: »Er war ein ängstlicher, kleiner Opportunist, was die Politik betraf – er wollte nichts als seine Ruhe.«

Puccinis Manifestationen sind widersprüchlich: Einerseits schrieb er die Komposition *Inno a Roma – Hymne auf Rom*, die 1919 den italienischen Sieg im Ersten Weltkrieg feierte, andererseits verfügte er, dass die Autorenrechte der *Tosca* an der Opéra comique in Paris für ein Jahr an die Verwundeten des Krieges abgetreten werden sollten. Und auch gegenüber Mussolini, der ab 1920 immer mehr von sich reden machte und 1922 den »Marsch auf Rom« organisierte, irritiert sein wechselhaftes Verhalten: Zwar verhehlte Puccini nicht seine grundsätzliche Sympathie für den Faschismus – wenn er denn das Chaos im Lande beende! – und akzeptierte das Ehrenabzeichen der *Federazione Fascista Viareggiana*, des Faschisten-Verbandes seines letzten Wohnortes Viareggio. Als er aber 1922 zu einer Audienz beim Duce vorgelassen wird, kommt es zum Eklat, wie Puccinis erster Biograf Guido Marotti berichtet: Seine Vorstellungen über die Schaffung einer Nationaloper in Rom habe Mussolini brüsk abgeschmettert, es sei kein Geld dafür da. Einen Kompromissvorschlag habe er ebenso vehement abgelehnt: »Entweder ein so großartiges Projekt, Roms würdig, oder nichts!« Und Puccini habe sich in diese Mitteilung gefügt, die »ganze Hoheit« dieses außerordentlichen Mannes erkennend. Man mag den Bericht von 1926 mit Vorsicht genießen, doch er bestätigt noch einmal den zwiespältigen Eindruck: Eigentlich wollte Puccini nur seine Ruhe haben – Ruhe, um Opern zu komponieren.

Ein Leben für zwölf Opern: unkonventionelle Klangfärbung, konventionelle Rollenverteilung

Sein Lebenswerk besteht aus Opern. Ausschließlich aus Opern – bis auf wenige Ausnahmen. Man könnte auch sagen: *nur* aus zwölf Opern. Denn rechnet man rein quantitativ, ist das nicht allzu viel: Giuseppe Verdi kam in seinem (allerdings viel längeren) Leben auf insgesamt 28 Opern, und Richard Wagner schuf zwar auch nur 13 Bühnenwerke (wenn man *Die Feen, Das Liebesverbot* und *Rienzi* mitrechnet), er

Was Puccini außer Opern noch so schrieb ...

Ehrlich gesagt: Viel ist es nicht, was Puccini außer seinen zwölf Opern noch komponiert hat. Und wirklich bedeutend auch nicht. Man muss schon ausgiebig in der zugegebenermaßen opernlastigen Musikgeschichte Italiens fahnden, bis man ein ähnliches Phänomen findet. Rossini glänzte immerhin mit seiner *Petite Messe solennelle* und dem *Stabat Mater*, Verdi hinterließ sein großartiges Requiem, die *Quattro pezzi sacri* und das e-Moll-Streichquartett. Nur Bellini hat neben seinen großen Opern auch gerade mal ein paar Lieder und Arietten komponiert.

Puccinis Nebenwerke lassen sich in zwei Kategorien einteilen: Zum einen in die Studienwerke, mit denen er am Konservatorium in Lucca und später in Mailand zu reüssieren trachtete. Der Italiener Riccardo Chailly hat sich 2004 dankenswerterweise um die Wiederbelebung dieser Petitessen auf CD verdient gemacht. Doch weder die *Motette für San Paolino* (den Stadtpatron Luccas), ein *Salve Regina* oder die Kantate *Cessato il suon dell'armi* können eine persönliche »Note« für sich beanspruchen. Allein die vierstimmig *Messa di Gloria* (1880) und das *Preludio sinfonico* (1882), die Abschlussarbeit für Mailand, weisen auf das große Talent eines zukünftigen Meisters hin.

Zum anderen finden sich allerlei Gelegenheitskompositionen, die fast allesamt belanglos bleiben, so die Schnell-Polka *Scossa elettrica – Stromschlag* von 1899, also der Entstehungszeit der *Tosca*, die Puccini für den Weltkongress der Telegrafisten (er fand zu Ehren des großen italienischen Physikers Alessandro Volta in dessen Geburtsstadt Como statt) verfasste. Noch aus der Frühzeit stammt das Streichquartett *Crisantemi – Chrysanthemen* (aufgeführt meist in der Fassung für Streichorchester), das dem Andenken des 1890 gestorbenen Savoyer-Prinzen Amedeo gewidmet war. Einem besonders prominenten Toten galt das nur sechsminütige Requiem für gemischten Chor, Solo-Bratsche und Orgel, entstanden zum vierten Todestag Giuseppe Verdis 1905. Distanzierter hat wohl selten ein Komponist eines Kollegen gedacht.

brachte es jedoch auf sehr viel mehr komponierte Musikzeit als Puccini: Fünf-Stunden-Opern wie *Die Meistersinger* oder *Parsifal* sind glatt doppelt so lang wie *La Bohème* oder *Tosca*. Natürlich sagt das nichts über die Qualität dieser Opern aus, die in ihrer künstlerischen Kraft und ganz persönlichen Handschrift unzweifelhaft Meisterwerke sind. Denn für jede Oper fand er genau das, was Verdi einst die *tinta* nannte, die spezielle Färbung, in der sich die Atmosphäre und der Charakter des gesamten Stückes widerspiegeln, so wie sich bei Verdi *La Traviata*, *Rigoletto* und *Il Trovatore* grundlegend voneinander unterscheiden, obwohl sie in kurzer Frist hintereinander folgten.

Bei Puccini ist das ähnlich: Der Pariser Charme der *Bohème* steht im krassen Gegensatz zur aggressiven Musiksprache der *Tosca*. *Madama Butterfly* wiederum sucht aus dem japanischen Kolorit (das Puccini sehr genau studiert hatte) den musikalischen Impuls für den Konflikt Amerika-Asien zu entwickeln, während in *La fanciulla del West – Das Mädchen aus dem goldenen Westen* die ganz anders geartete Welt des Wilden Westens mit gleißenden Orchesterfarben beschworen wird. Einem musikalischen Kaleidoskop gleicht der *Trittico*, jene ungewöhnliche Zusammenstellung dreier völlig verschiedener Einakter (die deshalb auch nur selten alle zusammen gespielt werden). *Il tabarro* lässt noch einmal die Atmosphäre von Paris aufleben, aber mit sehr viel fahleren, abgedunkelteren Klängen als in *La Bohème*. *Suor Angelica* – eine reine Frauenoper – schwelgt in Tönen der religiösen Verzückung und Entrückung, und *Gianni Schicchi* schließlich ist die berühmte Ausnahme von der Regel: eine Komödie im hergebrachten italienischen Parlando-Ton. Und mit einem Bariton als Titelfigur!

Denn ansonsten liebt es Puccini klassisch in der Rollenverteilung. Das Liebespaar singt Sopran und Tenor, der Bariton gibt den Störenfried. Diese Konstellation wird von Oper zu Oper neu durchdekliniert, ob das Paar nun Manon / Des Grieux, Mimì / Rodolfo *(Bohème)* heißt oder Tosca / Cavaradossi, Butterfly / Pinkerton, Minnie / Jack Rance *(Fanciulla del West)*, Giorgetta / Luigi *(Tabarro)* und Turandot / Calaf. Letztlich geht es Puccini um die endlose Variation des immer gleichen Themas, das da heißt: die Unmöglichkeit der Liebe; die zerstörerische Macht der Liebe, die im Tod endet. Diese dramatisch-theatralische Vorgabe prägt seine Opern vom ersten bis zum letzten Takt, aber sie sucht keine Lösungen (wie etwa Richard Wagner) in philosophischer Überhöhung und Verklärung, sie will sich nicht als Welttheater aufspielen. Der Komponist aus Torre del Lago bleibt immer am Boden, und seine liebenden Figuren bleiben immer normale Menschen – sogar wenn sie Prinzessin Turandot und Prinz Calaf heißen.

Wenn es um die Baritone geht, schöpft Puccini nicht einmal das von Verdi längst um Väter- und Narrenrollen erweiterte Personalangebot aus: Der Maler Marcello in *La Bohème* ist ein guter Freund, der Konsul Sharpless in *Madama Butterfly* ebenfalls – nett, aber harmlos. Nur Scarpia ragt in einsamer Bariton-Größe heraus, an ihn reicht höchstens der melancholische Seine-Schiffer Michele *(Tabarro)* heran – und natürlich der grandiose Komödiant Gianni Schicchi. Und die Bässe? Es gibt in Puccinis Opern keine Verwendung mehr für klassische Autoritäten wie Väter (der Komtur in Mozarts *Don Giovanni*), Könige (König Marke in Wagners *Tristan*) oder Priester (Padre Guardiano in Verdis *Forza del destino*). Sie müssen sich stattdessen mit Füll- und Nebenrollen begnügen, so der Philosoph Colline *(Bohème)*, der Flüchtling Angelotti *(Tosca)* oder der Lastkahnarbeiter La Talpa *(Tabarro)*. Der hilflose, greise König Timur in *Turandot* bestätigt nur diesen klaren Paradigmenwandel.

Zur Vervollständigung seien auch noch die Altistinnen erwähnt, denen gerade Verdi mit der Azucena *(Trovatore)* oder Eboli *(Don Carlo)* höchst dankbare Partien zugedacht hatte. Nichts von alledem bei Puccini: Nur La Zia Principessa, die herrische Tante der Schwester Angelica, hat einen prägnant-unsympathischen Kurzauftritt. Wie gesagt: In konzeptioneller Hinsicht hatte dieser Komponist nie die Absicht, die Opernwelt aus dem Angeln zu heben. Er füllte die alten Schläuche mit neuem toskanischen Wein, das musste reichen!

Drei Dinge fürs Leben: Entenjagd, Libretti und Frauen

Kehren wir noch einmal zum Menschen Puccini zurück. Wie beschrieben interessierte er sich für viele Dinge überhaupt nicht. Aber womit füllte er sein Leben aus? Er selbst hat es prägnant so formuliert: »Drei Dinge haben mein Leben bestimmt: die Jagd auf Enten, Libretti und schöne Frauen.« Was den ersten Punkt betrifft, so können wir ihn hier kurz und knapp abhandeln. Bewusst wählte sich Puccini sein Domizil am Lago di Massaciuccoli, um in aller Herrgottsfrühe direkt ins Boot steigen und Jagd auf das reichlich vorhandene Federvieh machen zu können. Ein gut gefüllter Waffenschrank im dortigen Museum zeugt noch heute von seiner lebenslangen, gemeinhin als besonders männlich geltenden Passion, die ihn sogar vor Gericht brachte, als er und ein Kumpan in fremdem Revier (und zur Schonzeit!) die Flinte anlegten. Ricordis trockener Kommentar ließ nicht auf sich warten: Puccini solle sich bloß ein Klavier ins Gefängnis bringen lassen, dann könne er dort wenigstens ungestört komponieren …

Nicht weniger Zeit verbrachte der Komponist mit der Suche nach geeigneten Textbüchern, wie der Puccini-Freund und -Biograf Fraccaroli berichtete: »Jeden Morgen, wenn Puccini beim Frühstück saß, war er sicher, auf seinem Tische, neben seiner Korrespondenz und den Zeitungen, mindestens ein Opernlibretto zu finden. Das war an normalen Tagen; bei Ausnahmsgelegenheiten [sic!] waren es auch zwei oder drei.« Das mag poetisch übertrieben sein, doch es trifft durchaus den Kern der Sache. Denn kaum war eine Partitur beendet, drängte es Puccini bereits (meist noch vor der Uraufführung!) zum nächsten Stoff. Dass sich dieser Eifer in Literatenkreisen herumsprach und zu vielen unaufgeforderten Offerten an den berühmten Maestro führte, erscheint logisch. Schickling hat im Anhang seiner Biografie von 2008 allein 20 Opernprojekte aufgelistet, mit denen der Komponist sich »eine gewisse Zeit« beschäftigt habe – die »Eintagsfliegen« also gar nicht mitgerechnet. Bevor das komplexe »Kapitel« Frauen ansteht, soll diese mühevolle Jagd nach dem richtigen Textbuch wenigstens exemplarisch beleuchtet werden.

Italienische Libretto-Partner: Giovanni Verga und Gabriele d'Annunzio

Auffallend ist, wie wenige genuin italienische Texte in der Kollektion auftauchen. Eigentlich sind nur zwei namhafte Landsleute vertreten: Giovanni Verga (1840–1922), der mit seinen *Novelle rusticane* (1883) und Romanen wie *I Malavoglia* (1881) zum Hauptvertreter des italienischen *verismo* wurde. Seine Werke schildern ungeschminkt das hoffnungslose Leben der Fischer, Tagelöhner und Kleinbauern auf Sizilien. Als er sich für dessen Novelle *La Lupa – Die Wölfin* zu interessieren begann, reiste Puccini extra nach Süditalien, um vor Ort mit dem Autor zu verhandeln und Studien zu Land und Leuten zu betreiben, doch nach einigem Hin und Her wurde das Projekt wieder ad acta gelegt – sehr zum Unwillen des Verlegers.

Ähnlich ging es mit Gabriele d'Annunzio (1863–1938), dem Star der literarischen Gegenrichtung, des *decadentismo*: furchtloser Krieger, notorischer Frauenheld und radikaler Ästhet, war der Dichter eine europäische Berühmtheit. Kein Wunder, dass Giulio Ricordi rosige Marktchancen für ein Operntraumpaar Puccini / D'Annunzio witterte. Doch die ausgetauschten Freundschaftsfloskeln konnten nicht über die grundsätzlichen Meinungsverschiedenheiten hinwegtäuschen. Man traf sich erstmals Anfang 1900, machte Entwürfe, diskutierte, machte neue Entwürfe, aber Puccini missfiel mehr und mehr der artifizielle

Sprachstil des Poeten. Schließlich beendete man die Bemühungen – und Gabriele d'Annunzio blieb für den Rest seines Lebens beleidigt.

Ansonsten war der Horizont bei der Suche nach einem geeigneten Libretto-Stoff weit gespannt. Immer wieder wurden vor allem französische Vorlagen in Erwägung gezogen: Der Roman *La Faute del abbé Mouret – Die Sünde des Abbé Mouret* von Émile Zola und der Schelmenroman *Les Aventures prodigieuses de Tartarin de Tarascon – Die wundersamen Abenteuer des Tartarin von Tarascon* von Alphonse Daudet, Victor Hugos Mittelalterroman *Notre-Dame de Paris – Der Glöckner von Notre-Dame* und *La Femme et le pantin – Die Frau und der Hampelmann*, eine sexual-pathologische Erzählung von Pierre Louÿs (1911 als *Conchita* von Riccardo Zandonai vertont). Dann wiederum kam Oscar Wildes *A Florentine Tragedy – Eine florentinische Tragödie* ins Gespräch (1917 von Alexander von Zemlinsky vertont), ein anderes Mal *Aus einem Totenhaus* von Dostojewski (Leoš Janáček machte 1928 eine Oper daraus) sowie einige sozialkritische Novellen von Maxim Gorki. Sogar Deutschland geriet ins Visier der hilfreichen Libretto-Fahnder, als Puccini sich für Gerhart Hauptmanns »Traumdichtung« *Hanneles Himmelfahrt* von 1893 zu interessieren begann. Erste Kontakte zu dem 1912 mit dem Nobelpreis ausgezeichneten Dramatiker wurden angeknüpft; doch auch in diesem Fall zog der Komponist nach längerer Bedenkzeit zurück. Vieles an den andiskutierten Stoffen war ihm letztlich zu düster und pessimistisch, dann wieder störte ihn der alleinige Bezug auf eine einzige Figur oder die zu krasse Darstellung von Sexualität. Und die qualvolle Suche ging weiter.

Wie in Strindbergs Dramen: die Ehe mit Elvira

Der – neben Enten und Libretti – dritte Punkt in Puccinis Selbstaussage ist sicherlich der heikelste, berührt er doch seine eigene gespaltene Persönlichkeit, die Turbulenzen um seine Ehe und letztlich auch das innerste Wesen seiner Opern. Rein äußerlich und oberflächlich betrachtet war der Komponist ein unkomplizierter Mensch, jovial und zugänglich, stets zu (bisweilen sehr groben) Scherzen aufgelegt und ohne jede Arroganz, die der Reichtum hätte mit sich bringen können. So weit das lange vorherrschende Bild, dessen Kehrseite erst in den letzten Jahrzehnten in den neueren Biografien zu Tage getreten ist. Als Kontrast zu seiner zeitweiligen Jovialität und Extrovertiertheit unter Freunden diagnostiziert Mosco Carner bei ihm »größte Schüchternheit, feminine Empfindlichkeit und krankhafte Verletzlichkeit«. So hartnäckig er seine künstlerischen Ziele verfolgte: Wenn es Freundschaften oder Affären betraf, war er unfähig, klare Entscheidungen zu treffen, und lavierte unentschlossen zwischen Schrecken ohne Ende oder Ende mit Schrecken. Und je älter er wurde, umso öfter verfiel er zeitweise in depressive Stimmungen. In Briefen an verschiedenste Adressaten beklagt er – nicht ohne ein gewisses Selbstmitleid – seine innere Einsamkeit. Luigi Illica, der langjährige Librettist, berichtet von Puccinis Angewohnheit, bei den gemeinsamen Treffen unentwegt an den Nägel zu kauen. Und die Eleganz der Kleidung, das Auftreten »wie aus dem Ei gepellt«, das man auf allen seinen Fotos (von der Jagdbekleidung abgesehen) bemerkt, geht deutlich über die italienische Vorliebe für die *bella figura* hinaus, fast wirkt es wie eine Schutzhülle, mit der sich der hypersensible Mann gegenüber der Öffentlichkeit wappnete.

Trotz alledem muss Puccini schon in jungen Jahren ein attraktiver und gewinnender Mann gewesen sein. Wie wäre es sonst zu erklären, dass eine verheiratete Frau, Elvira Bonturi aus Lucca, ein Verhältnis mit ihm anfing, um dann sogar ihrem Ehemann davonzulaufen und ganz mit Puccini zusammenzuleben! Für die damalige Zeit, um 1885, bedeutete das (zumal im katholischen Italien) einen Riesenskandal, der noch dadurch verschärft wurde, dass Elvira den kleinen Sohn Renato zwar bei ihrem Ehemann ließ, die ältere Tochter Fosca jedoch mitnahm – nicht zu vergessen den wenige Monate alten Antonio, dessen Vater eindeutig Giacomo war. Damit hatte sich das ehebrecherische Paar in Lucca völlig unmöglich gemacht. Und noch Jahre später verbreitete Signor Narciso Gemignani, der verlassene Ehemann, kleinere und größerere Skandale um den berühmten Widersacher, um die Empörung der Luccheser über die beiden am Kochen zu halten. Und ließ über verwandtschaftliche Umwege auch die eifersüchtige Elvira gezielt davon wissen …

Fortan lebte das Paar in Monza oder in Mailand, oft auch getrennt, nur Puccini kam zuweilen – sehr diskret – in seine Heimatstadt zurück. 1891 ist er dort, um an *Manon Lescaut* zu arbeiten, als Elvira erste Gerüchte über einen möglichen Seitensprung ihres Lebensgefährten zugetragen werden, auf die sie mit Heftigkeit reagiert. Doch Giacomo weist ihren Plan, ihn umgehend in Lucca zu treffen, zurück und schreibt ihr: »Nach Lucca, schlag Dir das aus dem Kopf, kannst Du nicht kommen. Du weißt doch, welches Gerede entstünde bei meinen Verwandten und Deinen Verwandten und in der ganzen Stadt … In diesen paar Tagen habe ich verstanden, was das für eine Stadt ist!«

Man sieht, dass das Urteil des Komponisten über seine fromme Geburtsstadt wenig günstig ausfiel, auch wenn seine Werke dort zumeist sehr schnell nach der Uraufführung nachgespielt wurden. Besonders deftig war sein Kommentar in einem Gedicht, das der begeisterte Hobby-Poet zum Neujahr 1899 – während der Arbeit an *Tosca* – an seine guten Freunde verschickte. Wenn er sich in seinen vertrauten Kreisen bewegte, scherte sich der bisweilen so gehemmte, schüchterne Puccini wenig um seine Wirkung nach außen! Das Poem trägt den schlichten Titel *Cacca di Lucca* und beendet jeden Vers mit dem lautmalerischen Reim: »Cacca di Lucca è proprio senza pecca.« – »Die Kacke von Lucca ist wirklich ohne Fehl und Tadel.«

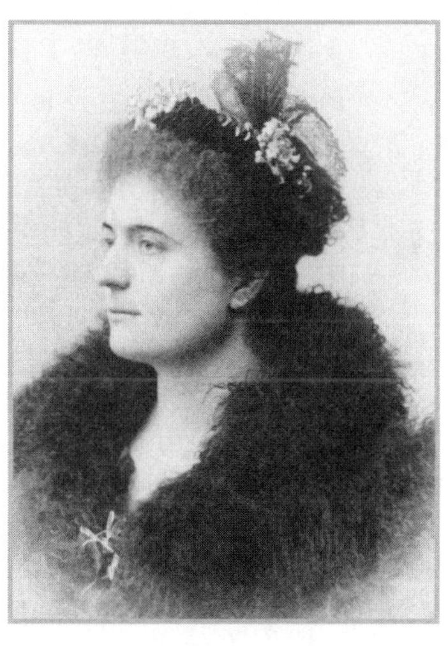

Die langjährige Lebensgefährtin und spätere Ehefrau Elvira Bonturi-Gemignani (1860–1930).

Was in der genannten Auseinandersetzung von 1891 schon angedeutet wurde, sollte sich bald zu einer schweren Dauerbelastung für die eheähnliche, aber natürlich nicht legitimierte Beziehung (eine Scheidung Elviras war nach italienischem Recht unmöglich) zwischen Giacomo und Elvira entwickeln. Je mehr die anfängliche große Liebe erkaltete, umso mehr verfestigte sich Elviras Eifersucht – zumal ihr Lebensgefährte mit seinen kleineren und größeren Affären durchaus handfeste Gründe dafür lieferte. Was sollte sie machen? Schließlich war sie eine von der Gesellschaft mehr oder weniger geächtete Frau, die materiell ganz von Puccini abhing.

Elvira »klammerte«, sie drohte, sie jammerte, sie machte ihrem Partner das Leben zur Hölle, indem sie ihn mit Vorwürfen überzog, ihn ausspionierte und ihm sogar – wie sie nach seinem Tode bekannte – Beruhigungsmittel in den Kaffee oder Likör tat, wenn attraktiver weiblicher Besuch etwa in Gestalt einer Sängerin in Torre del Lago erwartet wurde. Ein Eheleben wie aus der Feder von August Strindberg! Elvira sah alle ihre Felle davonschwimmen, hatte sie doch ihre geistige Unterlegenheit schmerzlich klar erkennen müssen. Ein tieferes Verständnis für Puccini fehlte ihr völlig. Als Muse spielte sie keinerlei Rolle für den Künstler, dafür suchte er sich seine Geliebten. Nur als treu sorgende Hausfrau und Mutter des gemeinsamen Sohnes war sie ihm wichtig, und diese Rolle »kultivierte« sie mit aller ihr zu Gebote stehenden Entschlossenheit. Großzügigkeit oder Toleranz gegenüber seinen Eskapaden kamen für Elvira nicht in Frage.

»Jeder Künstler braucht seine ›kleinen Gärten‹«

Puccini reagierte, wie viele Südländer zu reagieren pflegten: Er beendete die Affären nicht, sondern versuchte, sie zu rechtfertigen. Dabei bediente er sich eines wohlbekannten Musters: Zum einen erklärte er alles mit den Bedürfnissen eines Künstlers; er brauche »i piccoli giardini« – »die kleinen Gärten«, um sich mit ihrer »Bestellung« abzulenken und neue Energien für die harte Kompositionsarbeit zu sammeln. Wohl wahr: Für Puccini war der geistige Austausch, an dem es schon bei Elvira mangelte, auch mit seinen Geliebten nebensächlich, denn fast immer stammten sie aus unteren Schichten. Ihm ging es allein um die Bestätigung als Mann, um seine Potenz – in sexueller wie in kreativer Hinsicht. Damit verband sich sein zweites Argument, in gut katholischer Tradition: Er beteuerte Elvira seine unverbrüchliche Treue als vertraute Partnerin und Mutter. Darauf könne sie zählen, daran gebe es nichts zu rütteln. (Ehe-)Frau auf der einen, Geliebte auf der anderen Seite, Heilige hier, Hure dort – das ist das wohlbekannte Schema, nach dem Puccini sein Leben gestaltete und das er tapfer verteidigte. Glücklich geworden ist er damit nicht.

Als er an *Tosca* arbeitet, stehen die großen, zum Teil von einer neugierigen Öffentlichkeit begierig verfolgten Skandale noch bevor: Kurz vor (oder nach?) der Uraufführung in Rom lernt Puccini ein junges Mädchen aus Turin kennen, dem er den Namen Cori gibt. Drei lange Jahre dauert die hocherotische Affäre mit jener Maria Anna Coriasco, deren Einzelheiten erst in allerjüngster Zeit durch Helmut Kraussers Buch *Die kleinen Gärten des Maestro Puccini* aufgedeckt werden konnten. Cori liebt diesen viel älteren Mann wirklich, sie verwöhnt ihn mit ihrer Zuneigung. Und er, der mittlerweile 40-Jährige mit starken Anzeichen einer Midlife-Crisis, nimmt ihre Hingabe dankbar an. So wird Cori zu einer echten Gefahr für die Beziehung zu Elvira, bis schließlich Giulio Ricordi, besorgt um den guten Ruf seines Vorzeige-Komponisten, energisch eingreift und die ganze Affäre mit Hilfe von Anwälten und massivem Druck auf beide Seiten zu einem Ende gebracht wird.

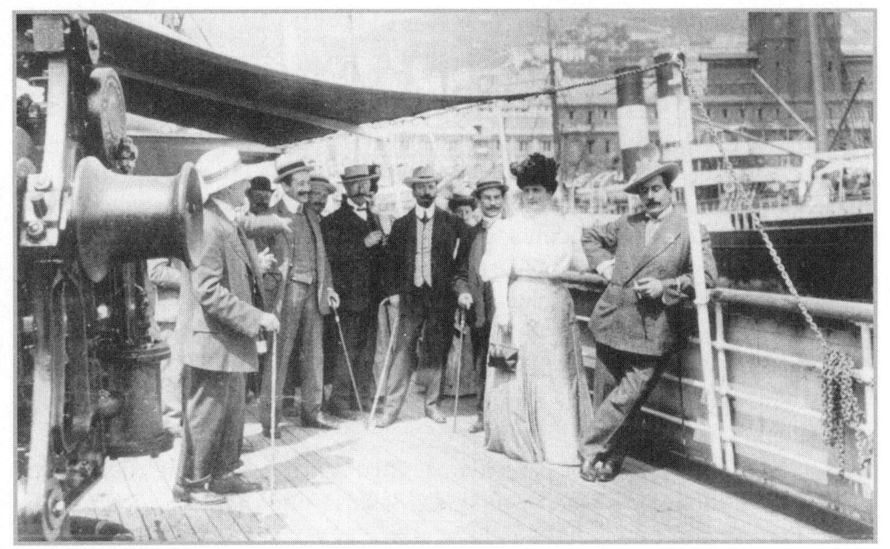

Puccini kehrt schweren Herzens nach Torre del Lago zu Elvira zurück – bevor die nächste Affäre, die 1909 mit dem Selbstmord der Hausangestellten Doria Manfredi endet, einen noch größeren Keil zwischen das mittlerweile verheiratete Paar treiben wird. Nachdem 1903 Elviras Ehemann gestorben ist, steht nach 20 Jahren »wilder« Ehe einer Heirat auf einmal nichts mehr im Wege, auch wenn sie mehr Elviras permanentem Druck und Giacomos notorischer Entscheidungsunfähigkeit geschuldet ist. Zu sagen haben sich beide nicht mehr viel, wie ein Brief Giacomos an Elvira aus dem Jahr 1900 dokumentiert: »Du schreibst mir unzufrieden und traurig. Wir sind schon zwei seltsame Wesen! Aber ein wenig Schuld hast Du auch, liebe Elvira, Du bist nicht mehr dieselbe, Deine Nerven beherrschen Dich, kein Lächeln mehr, kein offenes Gesicht. Und ich fühle mich in meinem Haus fremder als Du … Du bist unglücklich? Ich zweifach! Das ist es, und ich sehe keinen Ausweg.«

Puccini und seine langjährige Lebensgefährtin Elvira heirateten am 17. Februar 1904. Das Foto zeigt das Ehepaar ein Jahr später an Bord eines Dampfers auf dem Weg zu einem großen Puccini-Festival in Buenos Aires.

Frauen im Leben, Frauen in der Oper

Es ist die Tragik in Puccinis Leben, dass er eine wirklich glückliche Beziehung nie erlebt hat, mit Elvira nicht und mit seinen Geliebten schon gar nicht. Von großem Vertrauen war allein die langjährige Verbindung zu der Londoner Bankiersgattin Sybil Seligman geprägt, in der die Erotik jedoch bemerkenswerterweise keine Rolle spielte. Manche Biografen gehen so weit zu sagen, dass Puccini gar nicht in der Lage war, eine erfüllte Beziehung aufzubauen, weil es ihm – wie oben beschrieben – an einem stabilen Selbstwertgefühl fehlte und er somit seine Versagensängste durch ständige neue Eroberungen zu kompensieren versuchte.

Umso aufschlussreicher ist insofern die Tatsache, dass seine Opern immer – Ausnahmen sind *Il tabarro* und *Gianni Schicchi* – eine Frau in den Mittelpunkt stellen, ob sie nun Manon, Mimì, Tosca oder Turandot heißt. Auf Frauen fokussiert sich sein musikalisch-künstlerisches Interesse, und sie inspirieren ihn zu seiner besten Musik. Sicherlich war es eine Zeitströmung, dass sich die Aufmerksamkeit um die Jahrhundertwende vom männlich dominierten Heldenideal des 19. Jahrhunderts dem »Phänomen Frau« zuwandte. So wie Puccini hier den Kontrast zu Verdis Opern *Ernani, Rigoletto, Trovatore* oder *Otello* bildet, so emanzipiert sich Richard Strauss mit *Salome, Elektra* und *Ariadne auf Naxos* von seinem Vorbild Wagner und dessen männlichen Titelhelden in *Tannhäuser, Lohengrin* und *Parsifal.*

Die Frau, das rätselhafte Wesen – bei Strauss wie bei Puccini wird es zum musikalischen Ereignis. Man muss vielleicht nicht so weit gehen wie Giampaolo Rugarli in seinem Buch *La divina Elvira*, der für jede Oper eine entsprechende Frauenfigur aus Puccinis realem Leben als Inspirationsquelle ausgemacht hat. Zu nahe tritt man dem Italiener jedoch wohl kaum, wenn man *Tosca* mit seinen einschneidenden Erfahrungen mit Elvira in Beziehung bringt. Denn warum sonst stattet der Komponist seine Titelfigur Tosca mit dieser fiebrigen Eifersucht aus, die schon ihre allerersten Sätze beherrscht? Und warum wählte er überhaupt ein Libretto, das in der Tat ganz entscheidend von der Eifersucht Toscas dominiert wird, die von dem gerissenen Scarpia als Dreh- und Angelpunkt seiner perfiden Intrige eingesetzt wird? Ob unbewusst oder bewusst: Die Parallelen zwischen Wirklichkeit und Kunst sind hier zu groß, als dass man sie ignorieren könnte.

Jahr	Historische Daten	Biografische und werkspezifische Daten
1858		22. Dezember: Giacomo Puccini wird in Lucca geboren
1860	»Zug der Tausend« durch Sizilien und Kampanien führt unter Giuseppe Garibaldi zur schrittweisen Einigung Italiens	
1861	Vittorio Emanuele II. wird König des geeinten Nationalstaats Italien	
1862	Claude Debussy geboren	
1864	Richard Strauss geboren	23. Januar: Puccinis Vater Michele stirbt in Lucca
1870/1871	Deutsch-Französischer Krieg; Rom wird Hauptstadt Italiens; Ende des Kirchenstaats; Papst bleibt Oberhaupt des Vatikans	
1874	Arnold Schönberg geboren; Uraufführung von Mussorgskis *Boris Godunow*	Beginn der musikalischen Ausbildung am Istituto Giovanni Pacini in Lucca
1876	Die *Sinistra storica* (Historische Linke) kommt an die Macht; Uraufführung von Ponchiellis *La Gioconda* in Mailand	Besuch von Verdis *Aida* in Pisa; Komposition des *Preludio sinfonico*
1880		Beginn des Kompositionsstudiums am Mailänder Konservatorium dank eines Stipendiums von Königin Margherita
1881	Giovanni Verga: *I malavoglia*	
1882	Uraufführung von Wagners *Parsifal*; Italien schließt sich mit Deutschland und Österreich-Ungarn zum Dreibund zusammen; Robert Koch entdeckt den Erreger der Tuberkulose	
1883	Friedrich Nietzsche: *Also sprach Zarathustra*; Richard Wagner stirbt in Venedig; Eröffnung der Metropolitan Opera in New York	Das *Capriccio sinfonico* wird als Abschlussarbeit am Mailänder Konservatorium aufgeführt; Beginn der Komposition von *Les Willis* (später *Le Villi*)
1884	»Kongokonferenz« in Berlin regelt die territoriale Aufteilung Afrikas unter den Großmächten; Italien beansprucht Libyen, Eritrea, Abessinien und Italienisch-Somaliland	31. Mai: Uraufführung der Oper *Le Villi* am Teatro Dal Verme, Mailand; 17. Juli: Puccinis Mutter Albina stirbt; Beginn seiner Beziehung mit Elvira Bonturi-Gemignani
1886	Carl Benz lässt sich die Erfindung des Automobils patentieren	23. Dezember: Geburt des Sohnes Antonio

Jahr	Historische Daten	Biografische und werkspezifische Daten
1887	Uraufführung von Verdis *Otello*	
1889	Innere Reformen unter der Regierung Francesco Crispis (1887–1896)	21. April: Uraufführung der Oper *Edgar* an der Mailänder Scala; erste Erwähnung von Sardous *La Tosca* in einem Brief an Ricordi
1890	Uraufführung von Mascagnis *Cavalleria rusticana* in Rom	
1891	Oscar Wilde: *The Picture of Dorian Gray*	Tod des jüngeren Bruders Michele in Rio de Janeiro; Umzug nach Torre del Lago
1892	Uraufführungen von Leoncavallos *Pagliacci* und Catalanis *La Wally*	
1893	9. Februar: Uraufführung von Verdis letzter Oper *Falstaff* in Mailand, Teatro alla Scala; Tod Catalanis	1. Februar: Uraufführung der Oper *Manon Lescaut* am Teatro Regio, Turin; Dezember: Beginn der Zusammenarbeit mit Luigi Illica und Giuseppe Giacosa an *La Bohème*
1894	Debussys *Prélude à l'après-midi d'un faune* markiert den Beginn des musikalischen Impressionismus	Juni: Reise nach Sizilien, um mit Giovanni Verga über eine Vertonung von dessen Novelle *La lupa* zu sprechen
1895	Die »Dreyfus-Affäre« um den jüdischen Hauptmann Alfred Dreyfus erreicht mit dessen öffentlicher Degradierung ihren Höhepunkt	Oktober: Puccini erlebt Sarah Bernhardt in Sardous *La Tosca* in Florenz und entschließt sich zur Komposition
1896	Die Niederlage von Adua (im Krieg gegen Abessinien) führt zum Sturz von Ministerpräsident Crispi; Sigmund Freud verwendet in einem Aufsatz erstmals den Begriff »Psychoanalyse«	1. Februar: Uraufführung von *La Bohème* am Teatro Regio, Turin; 23. Februar: römische Erstaufführung am Teatro Argentina in Anwesenheit Puccinis; erste Arbeit mit Illica und Giacosa am Libretto der *Tosca*
1897	Uraufführung von Leoncavallos *La Bohème* am Teatro La Fenice, Venedig	Puccini ist viel »in Sachen« *La Bohème* unterwegs und hat wenig Zeit, um an *Tosca* weiterzuarbeiten
1898	Uraufführung von Mascagnis *Iris* in Rom; Marie Curie entdeckt das Radium; Émile Zola: *J'accuse – Ich klage an*	Frühjahr: Treffen in Paris mit Victorien Sardou; 18. August: die Komposition des 1. Aktes von *Tosca* wird abgeschlossen
1899	Jean Sibelius: *Finlandia*; Edward Elgar: *Enigma-Variationen*	Januar: weiteres Treffen mit Sardou; 16. Juli: Abschluss des 2. Aktes; 29. September: (vorläufiger) Abschluss des 3. Aktes

Jahr	Historische Daten	Biografische und werkspezifische Daten
1900	29. Juli: Umberto I. fällt in Monza einem Attentat zum Opfer; Vittorio Emanuele III. wird König (bis 1946)	14. Januar: Uraufführung der *Tosca* am Teatro Costanzi, Rom; 17. März: Erstaufführung an der Mailänder Scala unter Arturo Toscanini; 12. Juli: englische Erstaufführung in London; Beginn der Affäre mit Cori
1901	Tod Giuseppe Verdis; Tod von Queen Victoria nach 63-jähriger Regentschaft	4. Februar: triumphale Erstaufführung der *Tosca* an der New Yorker Metropolitan Opera
1902	Uraufführungen von Debussys *Pelléas et Mélisande* in Paris und Cileas *Adriana Lecouvreur* in Mailand	21. Oktober: deutsche Erstaufführung der *Tosca* in Dresden unter Ernst von Schuch; schwere private Krise wegen der Affäre mit Cori
1903	Erster Motorflug der Gebrüder Wright in den USA; Henry Ford gründet nahe Detroit die Ford Motor Company	Nach einem schweren Autounfall ist Puccini mehrere Monate arbeitsunfähig; Trennung von Cori; 13. Oktober: französische Erstaufführung der *Tosca* in Paris
1904	Uraufführung von Janáčeks *Jenůfa* in Brünn; Russisch-Japanischer Krieg (bis 1905)	17. Februar: Uraufführung von *Madama Butterfly* an der Mailänder Scala, nach dem Fiasko ziehen die Autoren das Werk zurück; 28. Mai: Erstaufführung der überarbeiteten *Butterfly* am Teatro Grande, Brescia; Oktober: Bekanntschaft mit der Bankiersgattin Sybil Seligman, Puccinis späterer Vertrauten
1905	Uraufführung von Strauss' *Salome* in Dresden	Mehrmonatige Reise nach Argentinien, wo fünf Opern Puccinis aufgeführt werden
1906	Tod Giuseppe Giacosas; Uraufführung von Franchettis *La figlia di Jorio* (Text: Gabriele d'Annunzio) in Mailand	Erste Begegnungen mit D'Annunzio wegen möglicher Zusammenarbeit; Reise nach Graz, um Strauss' *Salome* zu hören
1908	Alexander Skrjabin: *Le Poème de l'extase*; Österreich annektiert die Region Bosnien-Herzegowina	Touristische Reise des Ehepaars Puccini nach Ägypten; schwere Krise durch den Skandal um die Bedienstete Doria Manfredi, der Elvira öffentlich ein Verhältnis mit ihrem Mann nachsagt
1909	Uraufführung von Strauss' *Elektra* in Dresden	28. Januar: Doria Manfredi stirbt an den Folgen einer tödlichen Dosis Tabletten

Jahr	Historische Daten	Biografische und werkspezifische Daten
1910	Uraufführung von Mahlers 8. Sinfonie in München; Portugal wird Republik	10. Dezember: Uraufführung der Oper *La fanciulla del West* an der New Yorker Metropolitan Opera im Beisein Puccinis
1912	Tod des »Über-Vaters« Giulio Ricordi; Uraufführung von Schönbergs *Pierrot lunaire* in Berlin	Reisen nach Budapest, Monte Carlo und Paris zu den Erstaufführungen von *Madama Butterfly*
1913	Skandal bei der Uraufführung von Strawinskys Ballett *Le Sacre du printemps* in Paris	Deutsche Erstaufführung der *Fanciulla del West* an der gerade eröffneten Charlottenburger Oper Berlin
1914	Ausbruch des Ersten Weltkriegs	Arbeit an der Operette *La rondine*
1918	11. November: Waffenstillstandsvertrag in Compiègne bei Paris beendet den Ersten Weltkrieg; Abdankung Kaiser Wilhelms II.	14. Dezember: Uraufführung der drei zu *Il trittico* zusammengefassten Einakter *Il tabarro, Suor Angelica* und *Gianni Schicchi* an der Metropolitan Opera, New York
1919	Mussolini gründet den ersten *Fascio di combattimento* (Kampfbund); Tod Luigi Illicas und Ruggero Leoncavallos; Tito Ricordi muss die Leitung des Verlages niederlegen	11. Januar: italienische Erstaufführung des *Trittico* in Rom
1921	Gründung der Partei *Partito Nazionale Fascista*; Luigi Pirandello: *Sechs Personen suchen einen Autor*	Umzug in die neu erbaute Villa nach Viareggio
1922	Vertrag von Rapallo; »Marsch auf Rom« und Machtübernahme durch Mussolini und die Faschisten; Tod Giovanni Vergas	Mehrwöchige Autofahrt durch Deutschland bis nach Holland und Rückfahrt über die Schweiz
1923	Nach dem italienischen Vorbild veranstalten Hitler und Ludendorff einen »Marsch auf München«	Puccini klagt über gesundheitliche Probleme; er arbeitet an *Turandot*; Dezember: Treffen mit Mussolini
1924	Wahlsieg der Faschisten; Tod Lenins in Moskau	Oktober: ein Kehlkopfkarzinom wird diagnostiziert; 4. November: Puccini reist mit seinem Sohn Antonio nach Brüssel in eine Privatklinik; 29. November: Tod durch Herzversagen
1925	Mussolini festigt seine Macht: Auflösung antifaschistischer Gruppen	Puccinis Schüler Franco Alfano vollendet *Turandot* nach Skizzen Puccinis
1926	Mussolini ruft das »Napoleonische Jahr der faschistischen Revolution« aus	25. April: Uraufführung der *Turandot* an der Mailänder Scala; 29. November: am zweiten Todestag werden die sterblichen Überreste Puccinis nach Torre del Lago überführt

Vom Libretto bis zur Uraufführung

Der erste Hinweis darauf, wann Puccinis Interesse an dem Stoff der *Tosca* geweckt wurde, findet sich nachweislich schon 1889, also elf Jahre vor der Uraufführung. Damals empfahl ihm der Textdichter seiner beiden frühen Opern *Le Villi* und *Edgar*, Ferdinando Fontana, das neue Erfolgsstück des Dramatikers Victorien Sardou, *La Tosca*, das 1887 in Paris seine gefeierte Uraufführung erlebt hatte. Puccini reagierte sofort, um sich eine mögliche Vertonung als Oper reservieren zu lassen, wie ein Brief an Giulio Ricordi vom Mai 1889 festhält: »Ich beschwöre Sie, die notwendigen Vorkehrungen zu treffen, um die Zustimmung Sardous zu erhalten, bevor Sie unsere Idee aufgeben, was mir sehr leid täte. Denn ich sehe in dieser *Tosca* ein Werk, wie für mich gemacht: keine übertriebenen Proportionen, kein dekoratives Spektakel und kein Platz für den üblichen musikalischen Überfluss.«

Die Beschwörungsgeste hatte nicht allzu viel zu bedeuten, pflegten sich seinerzeit doch die Komponisten gerne mit einem Vorrat an möglichen Libretti zu umgeben, um die Konkurrenz frühzeitig auszubooten und dann den Text in Ruhe auf seine Bühnentauglichkeit überprüfen zu können. Nicht klar ist, ob Ricordi tatsächlich unmittelbar darauf Sardous Zustimmung erbat. Bei Puccini jedenfalls nahm bald die Arbeit an *Manon Lescaut* sehr viel ernsthaftere Züge an, so dass *La Tosca* erst einmal wieder in der Versenkung verschwand. Mehr als vier Jahre später, Anfang 1894, lässt sich aus einem Brief Luigi Illicas an Ricordi ablesen, dass inzwischen ein anderer Ricordi-Komponist, Alberto Franchetti, den Zuschlag für die Komposition einer *Tosca*-Oper bekommen hatte. Gemeinsam mit dem ihm von der Oper *Cristoforo Colombo* bereits vertrauten Illica, der einen ersten Librettoentwurf verfasst hatte, reiste Franchetti nach Paris – mit Erfolg, denn dort konnten die beiden Sardou ihr Projekt vorstellen und ihm die Zustimmung für die Umwandlung in ein Opernlibretto abgewinnen.

Serienproduzent mit Faible für historische Stoffe: der Dramatiker Victorien Sardou

Victorien Sardou (1831–1908), eine ganze Generation älter als Puccini, dürfte sich wohl nicht einmal in seinen düstersten Träumen ausgemalt haben, dass ihn 100 Jahre nach seinem Tode niemand mehr kennen sollte – außer die Puccini-Verehrer. Denn in den letzten Jahrzehnten des 19. Jahrhunderts konnte er für sich in Anspruch nehmen, in der Nachfolge von Alexandre Dumas (Sohn) und Eugène Scribe unter den französischen Dramatikern als der Erste seines Fachs zu gelten. Zu europäischer Berühmtheit gelangte er nicht nur durch die Menge seiner Stücke: Jedes Jahr verließen sie reihenweise seine literarische Produktionswerkstatt. *La Tosca* war die laufende Nummer 55, wie Eugen Weber in seinem Aufsatz *From One Tosca to Another* nachgezählt hat. Auch ihre Machart fand viele Bewunderer; Sardou galt geradezu als Meister der *pièces bien faites*, der gut gemachten Stücke – was durchaus als zweischneidiges Kompliment verstanden werden darf. Mit den bekanntesten französischen Autoren seiner Zeit wie Émile Zola oder Gustave Flaubert, deren Romane bis heute zum Kanon der Weltliteratur gehören, ist er nicht zu vergleichen. Sardou waren originelle Plots, zündende Dialoge und überraschende Knalleffekte entschieden wichtiger als seelischer Tiefgang und individuell ausgeformte Charaktere. Der Erfolg gab ihm Recht: Neben Puccini bedienten sich auch französische Komponisten wie Jacques Offenbach *(Le roi Carotte)*, Jules Massenet *(Le crocodile)* und Camille Saint-Saëns *(Les barbares)* sowie der Italiener Umberto Giordano *(Fedora)* bei Sardous Dramen und ließen sie sich zu Opernlibretti umschneidern.

Dabei nahm der Dramatiker nicht nur die Missstände der damaligen Gesellschaft in satirischer Manier aufs Korn, ob es sich nun um neureiche Emporkömmlinge, Pseudo-Revolutionäre oder verschrobene Hinterwäldler handelte. Er tauchte auch tief in die Geschichte ein und machte vor allem die Französische Revolution mehrfach zum Thema. Dann wieder ließ er das mittelalterliche Griechenland, das Spanien des 16. Jahrhunderts und sogar Byzanz aufleben. Die Bibliothek in seinem Schloss stattete er mit 80 000 Bänden aus, deren Inhalt er in seinen Dramen unterzubringen versuchte. Allerdings darf man seinen üppigen historischen Anleihen durchaus mit Skepsis begegnen, bedenkt man die Erfahrungen, die Puccini in Hinblick auf den 3. Akt der *Tosca* mit dem Dramatiker in Paris machte und in einem Brief vom 13. Januar 1899 an Ricordi festhielt: »Als Sardou mir dann das Panorama skizzierte, wollte er, dass man den Tiber zwischen der Peterskirche und der Engelsburg hindurchfließen sehe!! Ich machte ihn darauf aufmerksam, dass der *flumen* auf der anderen Seite fließe, unterhalb. Und er, ruhig wie ein Fisch, erwiderte: ›Ach, das macht nichts!‹ Ein lustiger Kerl voller Leben, Feuer und historisch-topografisch-geografischen Ungenauigkeiten.«

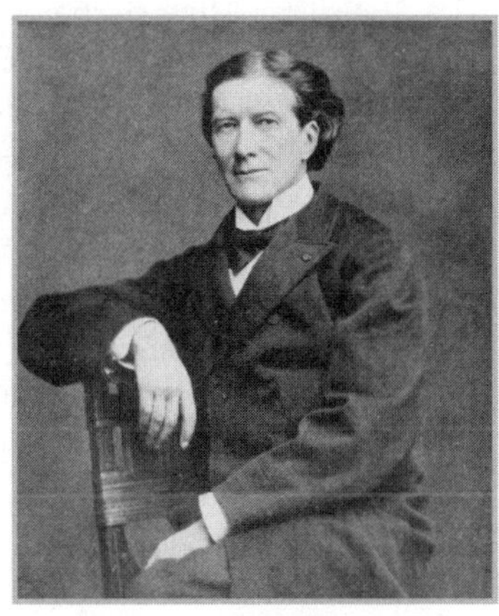

Der Franzose Victorien Sardou (1831–1908) lieferte mit seinem Drama »La Tosca« von 1887 die Vorlage für Puccinis Oper.

Auch bei *La Tosca* griff Sardou beherzt in den Topf der Historie und malte mit kräftigen Farben seine Geschichte vor dem Hintergrund der dramatischen Zustände im Rom des Jahres 1800 aus. 1798 hatten Napoleons Truppen die Ewige Stadt besetzt – zum ersten Mal in ihrer fast 1700-jährigen Geschichte wurde die Engelsburg erobert. Napoleons Generäle machten der (weltlichen) Herrschaft von Papst Pius VI. ein Ende, schoben ihn ins französische Exil ab und riefen die Römische Republik aus. Als sich daraufhin der König von Neapel, der Österreich-treue Ferdinand IV., bemüßigt fühlte, gegen das unstatthafte Treiben der Franzosen zu Felde zu ziehen, machten sie auch mit ihm kurzen Prozess und zwangen den Bourbonen-Herrscher, ins Exil nach Palermo zu fliehen.

Doch die weiteren kriegerischen Aktivitäten Napoleons in Ägypten wie auch in Norditalien, die einen Rückzug der Besatzungstruppen zur Folge hatten, hinterließen bei den jungen Republiken ein Machtvakuum, das sich Ferdinand IV. schnell zunutze machte, indem er Neapel zurückeroberte und auch Rom unter seine Knute zwang. Die Rache war grausam und kostete Tausende von Römern das Leben. Ganz unweiblich-brutale Drahtzieherin der Unterdrückung: die neapolitanische Königin Maria Carolina. Als Tochter der österreichischen Kaiserin Maria Theresia im Sinne der dynastischen Machtpolitik nach Neapel verheiratet, war ihr Hass auf die Revolutionäre nachvollziehbar, hatten deren Brüder im Geiste doch ihre Schwester Marie Antoinette zehn Jahre zuvor in Paris durch die Guillotine hinrichten lassen.

Kein Wunder, dass Sardou fünf Akte brauchte, um neben der Dreiecksgeschichte um die Sängerin Floria Tosca, den Maler Mario Cavaradossi und den Polizeichef Scarpia auch all diese historischen

Hintergründe einzuflechten. Er scheute sich nicht, den geschichtlichen Kontext in ausführlichen Dialogen rekapitulieren und diskutieren zu lassen. Um den Realitätscharakter des Werkes zu erhöhen, taucht sogar Königin Maria Carolina (1752–1814) persönlich auf – wenn auch als Nebenfigur. Historisch gesehen ist das allerdings sehr unwahrscheinlich, befand sich die Monarchin genau zu jenem Zeitpunkt doch auf dem Weg ins norditalienische Livorno. Und auch der Komponist Giovanni Paisiello (1740–1816), dessen Festkantate auf Napoleons vermeintliche Niederlage Tosca an jenem Abend singt, dürfte in Wirklichkeit als verdächtiger Anti-Royalist (und geschasster Leiter der Hofkapelle) kaum zum Gefolge der Königin in Rom gehört haben.

Alle drei Hauptfiguren sind dagegen fiktiv, auch wenn sie von Sardou mit detaillierten Biografien ausgeschmückt werden, die bis weit in die Kindheit reichen. So erfahren wir über Tosca, dass sie in Norditalien, in der Nähe von Verona, als Waise aufwuchs, früh ihren Lebensunterhalt als Hirtin verdienen musste, dann aber von Benediktinermönchen in ein Kloster aufgenommen wurde und ob ihrer schönen Stimme Gesangsunterricht erhielt. Später habe sie der Komponist Domenico Cimarosa auf der Durchreise gehört und schließlich beim Papst persönlich ihre Entbindung vom Klostergelübde bewirkt, damit sie eine Laufbahn als Sängerin einschlagen könne. So weit, so fiktiv. Bei Puccini ist davon nichts mehr übrig geblieben …

Sardou terminiert sein Drama auf den 17. und 18. Juni 1800, kurz nachdem Napoleon in der Schlacht von Marengo (Piemont) gegen die Österreicher gekämpft hat. Erst kommt die Siegesmeldung der Österreicher, dann die ernüchternde Korrektur – das ist das Salz, mit dem Sardou sein Drama würzt. Ansonsten meint man (aus der Perspektive der späteren Oper), eher die geschwätzige Rohfassung des Librettos zu erleben. Zwar rollt auch im Theaterstück die gesamte Handlung in etwa 18 Stunden ab, doch jeder der fünf Akte hat einen anderen Spielort: Dem 1. Akt in der Kirche Sant'Andrea al Quirinale (vgl. Kasten S. 79) folgt der 2. im Palazzo Farnese, wo das Fest anlässlich des Sieges über Napoleon gefeiert wird. Der 3. Akt führt in die Landvilla Cavaradossis, während der 4. Akt in Scarpias »Büro« in der Engelsburg, dem Gefängnis der Stadt, spielt. Der 5. Akt schließlich bietet noch einen weiteren Szenenwechsel: Erst trifft Tosca den gefangenen Cavaradossi in der Kapelle der Engelsburg, bevor das tödliche Finale auf der oberen Plattform seinen Lauf nimmt. Man sieht, dass es Sardou bewusst darauf angelegt hatte, sein Publikum durch vielerlei Schauplätze bei Laune zu halten. Hinzu kommen diverse Nebendarsteller und Nebenstränge;

sie alle wurden bei der Bearbeitung einer radikalen Abmagerungskur unterzogen.

Nur so konnte *La Tosca* als Oper überhaupt eine Chance haben! Ein Jahr nach dem ersten Brief an Ricordi, 1890, erlebte Puccini das Drama erstmals auf der Bühne – natürlich mit der berühmten Schauspielerin Sarah Bernhardt, der Sardou das Stück auf den verführerischen Leib geschrieben hatte. Aber erst 1895 nimmt die Diskussion wieder Fahrt auf. Am 9. August schreibt der Komponist an Carlo Clausetti, den befreundeten Ricordi-Agenten in Neapel: »*Tosca* la farò io« – »Ich werde *Tosca* machen, außerordentliches Libretto von Illica, in drei Akten, Sardou enthusiastisch über das Libretto.«

Wohlgemerkt: Puccini hält das Libretto in Händen, das Illica eigentlich für Franchetti entworfen hat! Eine durchaus übliche Praxis, wonach der Textauftrag an einen Librettisten ging, der Komponist aber durchaus noch einmal ausgetauscht werden konnte. Über die Probleme bei der Einrichtung des *Tosca*-Textes hatte sich der erfahrene Librettist Illica schon zuvor ausführlich gegenüber Giulio Ricordi ausgelassen; viel zu viel Dramatik sei da im Spiel, viel zu viele Dialoge. Er sei froh, als Kontrast endlich ein Quartett und ein Quintett eingebaut zu haben. Sein Brief vom Januar 1895 gipfelte in dem Satz: »Der 2. Akt der *Tosca* ist einer der schwierigsten Akte, die ich je zu machen hatte.« Letztlich verdankt Puccini also die neuerliche und intensivere Hinwendung zu Sardous Drama Illicas Opernverstand und seiner gelungenen ersten Librettofassung.

Der erfolglose Konkurrent: Alberto Franchetti

Wer nun aber – ob freiwillig oder nicht – das Boot in Richtung Opernpremiere verlassen musste, war Puccinis alter Studienkollege Franchetti. Dieser Alberto Baron Franchetti (1860–1942) ist durchaus einen kleinen Exkurs wert, handelt es sich bei ihm doch um die mit Abstand schillerndste Persönlichkeit unter Italiens Komponisten jener Zeit, an dessen Dandytum höchstens der Dichter Gabriele d'Annunzio heranreichte. Geboren in eine steinreiche venezianisch-jüdische Familie – der Großvater machte ein Vermögen im Eisenbahnbau, die Mutter war eine geborene Rothschild aus Wien –, hatte Franchetti in jungen Jahren vor allem das Problem, sich nicht ständig durch allerlei weltliche Genüsse vom ernsthaften Komponieren abhalten zu lassen. Wie Puccini sammelte er Frauen und Automobile, hinzu kamen seine Vorlieben für extravagante Kleidung, edle Hunderassen, Bordelle und Spielcasinos. Hinter seiner Exzentrik verbarg sich jedoch ein labiler Charakter, der vom energisch-strengen Vater mit beständigen Ermahnungen, ergänzend zu dem monatlichen Scheck für den Lebensunterhalt, zu disziplinierterer Arbeit angehalten wurde.

Mit seinem *Cristoforo Colombo*, uraufgeführt 1892 in Genua zum 400. Jahrestag der Entdeckung Amerikas, katapultierte sich Franchetti über Nacht in die erste Reihe der hoffnungsvollen Jungkomponisten Italiens. 1902 konnte er mit *Germania*, an der Mailänder Scala aus der Taufe gehoben von Arturo Toscanini, einen weiteren Hit landen. Aber sein Stern verblasste noch vor dem Ersten Weltkrieg wieder; der an Deutschland orientierte, eher konservative Kompositionsstil Franchettis zündete bald nicht mehr. Später verdüsterten Mussolinis »Rassegesetze« seinen Lebensabend. 2006 wagte die Deutsche Oper Berlin eine Neuproduktion der *Germania* – mit gemischten Reaktionen, die kaum auf eine nachhaltige Wiederentdeckung der Oper hoffen lassen.

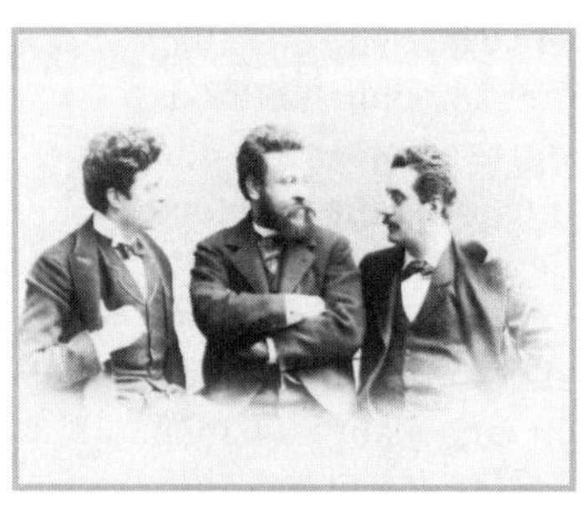

Der exzentrische Erfolgskomponist Alberto Franchetti (1860–1942), umringt von seinen Komponistenkollegen Pietro Mascagni (links) und Puccini.

Immerhin heftete sich der Musikschriftsteller Helmut Krausser 2010 erneut auf Franchettis Spuren und machte in seinem Buch *Zwei ungleiche Rivalen. Puccini und Franchetti* eine Vielzahl verschollen geglaubter privater Dokumente öffentlich. Demnach ist die oft wiederholte Behauptung, Franchetti sei einer Intrige Ricordis (bzw. Puccinis) zum Opfer gefallen, als er den Librettoentwurf Illicas an den Verlag zurückgab, ins Reich der Legende zu verweisen. Schon vorher hatten den Komponisten große Zweifel übermannt (die auch von seinem Vater geäußert wurden), ob er überhaupt die richtigen Töne für diesen rabiaten Stoff zu finden in der Lage wäre. Noch 1916 erinnerte er sich in einem Brief an Illica: »Ich war mir damals des theatralen Effekts und des Erfolgs des Librettos sicher – und dennoch musste ich darauf verzichten, denn ich habe die Musik dazu einfach nicht gehört.«

Puccini dagegen muss die Musik zur *Tosca* gehört haben. Denn im Oktober 1895 fährt der Komponist extra nach Florenz, um sich dort ein weiteres Mal die große Tragödin Sarah Bernhardt in Sardous *La Tosca* anzuschauen. Seine Bilanz ist sehr gemischt: die Bernhardt in schlechter Abendform, das Stück zu umständlich. Allerdings darf man sich schon fragen, wie viel überhaupt von dem im französischen Original vorgetragenen Text der Besucher aus Torre del Lago verstanden haben mag ... Umso positiver fällt sein Vergleich mit Illicas Librettoentwurf aus, und die Antwort des Verlegers aus Mailand kommt prompt: »Ich freue mich, dass Ihnen Illicas Libretto dem Originaldrama überlegen zu sein scheint: Die Aktion ist straffer und wirkungsvoller, jetzt heißt es nur noch: entlauben, das heißt, meiner Meinung nach um 150 bis 200 Verse erleichtern, dann passt es.« Zugleich macht Ricordi Nägel mit Köpfen, indem er wiederum Giuseppe Giacosa, den wertvollen Mitstreiter bei der Erfolgsproduktion von *La Bohème*, zur Mitarbeit an der neuen Oper auffordert – *never change a winning team*!

Dabei war es bei *La Bohème* alles andere als reibungslos zugegangen. Immer wieder waren Animositäten und verletzte Eitelkeiten der Beteiligten in beleidigte Briefe und heftige Streitereien ausgeartet. Doch all diese Kämpfe, Proteste, Klagen und Schwüre scheinen vergessen zu sein: Giacosa erklärt noch im Dezember 1895 seine Bereitschaft zur erneuten Zusammenarbeit – um jedoch im selben Brief direkt medias in res zu gehen und ausführlich seine Bedenken und Vorbehalte gegen *La Tosca* zu schildern: »Mir scheint, dass es ein bisschen monoton ist, den 1. Akt mit einem Monolog zu beenden und den 2. mit einem Monolog zu beginnen, und dann noch von derselben Person. Anzumerken wäre auch, dass ein solcher Scarpia, der die Zeit damit vergeudet, sich selbst zu beschreiben, absurd ist! Ein Scarpia handelt, aber er teilt sich nicht in Worten mit.« Der Brief schließt mit der bemerkenswerten Erklärung: »Ci metto mano, ma declino ogni responsabilità.« – »Ich werde Hand anlegen, aber ich lehne jede Verantwortung ab.« Vielleicht hat Giacosa schon zu jenem Zeitpunkt geahnt, was das Resultat seiner Vorbehalte sein sollte? Nichts – denn bekanntlich sind beide Monologe im Libretto verblieben!

Illica, Giacosa, Puccini – Santa Trinità oder trio infernale?

Für die Arbeit am Libretto der *Tosca* konnte Puccini also erneut auf das bewährte (und sturmerprobte) Duo Illica / Giacosa zurückgreifen. Dabei waren die Rollen in der Libretto-Produktion klar verteilt, folgten sie doch den unterschiedlichen Begabungen der beiden Mitstreiter. Giuseppe Giacosa (1847–1906) – von seinen Freunden »Pin« genannt –

galt in der zeitgenössischen Literaturszene Italiens zweifellos als Persönlichkeit von Rang und Namen. Er schrieb Kurzgeschichten und Essays, war Dozent für dramatische Literatur in Mailand und gab die angesehene Zeitschrift *La Lettura* heraus. Besonderen Erfolg hatte er als Schöpfer von insgesamt 32 Dramen. Wie Sardou nutzte er berühmte Tragödinnen als Vehikel zum Theatererfolg: *Tristi amori – Traurige Liebschaften* schrieb Giacosa 1887 für Eleonora Duse, *La Dame de Challant* 1891 für Sarah Bernhardt.

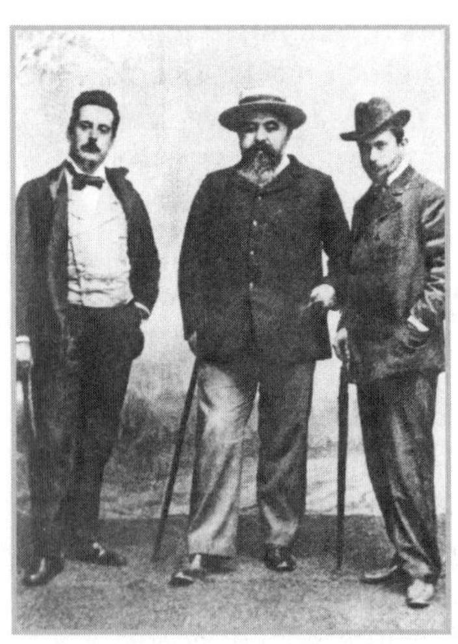

Giacomo Puccini und seine beiden Librettisten Giuseppe Giacosa (1847–1906, Mitte) und Luigi Illica (1857–1919) um 1905. Gemeinsam schufen sie drei Welterfolge.

Erst spät, eben für *La Bohème* von 1896, kam der längst anerkannte Dichter mit dem Schreiben eines Opernlibrettos in Berührung. Dadurch erklärt sich der innere Zwiespalt, in dem sich der Mann aus dem piemontesischen Colleretto bei dieser Aufgabe befand: Eigentlich fühlte sich Giacosa in der Kunst zu Höherem berufen, als für eigensinnige Komponisten Verse zu schmieden. Dabei war gerade das die Aufgabe, die ihm in der Tandem-Konstellation mit dem Co-Librettisten Illica zufiel: mit seinem untrüglichen Sprachgefühl und seiner Kreativität sinnlich-klangvolle und gut vertonbare Verse für Puccini zu ersinnen. Schnell eingeschnappt, machte Giacosa in mehr als einem Brief – vor allem gegenüber dem Verleger Ricordi – seinem Ärger über die angebliche »Dienstbotenarbeit« und die damit verbundene Geringschätzung seiner Fähigkeiten Luft, so nach der Fertigstellung der *Bohème*: »Es steht fest, dass die Autoren des Librettos von Ihrer Seite und von der Ihrer Firma nicht den hundertsten Teil der Genugtuung erfahren haben, die Sie dem Komponisten zukommen ließen. Und von den Autoren war ich sicherlich derjenige, den Sie am wenigsten beachtet haben.« Doch dem wohlbeleibten Poeten mit dem mächtigen Vollbart – Puccini gab ihm den Spitznamen »Buddha« – war cholerisches Aufbrausen eigentlich eher fremd; schnell beruhigte er sich wieder und ging erneut mit Akribie (aber großer Gemächlichkeit!) an die Arbeit, um die letzten Änderungswünsche aus Torre del Lago zu erfüllen.

Ein versierter Mann der Opernpraxis war dagegen Luigi Illica (1857–1919), der aus Castell'Arquato nahe Piacenza stammte. Puccini kannte ihn aus gemeinsamen Mailänder Studientagen, auch bei *Manon Lescaut* hatte Illica bereits (neben fünf anderen Poeten) seine Finger mit im Spiel gehabt. Sein großes Talent, plastische Opernhandlungen zu formen, sprach sich bald herum, so dass er Hauslibrettist im Verlag Ricordi wurde und Komponisten wie Alfredo Catalani (*La Wally*, 1892), Alberto Franchetti (*Cristoforo Colombo*, ebenfalls 1892, und *Germania*, 1902), Umberto Giordano (*Andrea Chénier*, 1896), Pietro Mascagni (*Iris*, 1898, und *Le Maschere*, 1901) und Vittorio Gnecchi (*Cassandra*, 1905) sich von ihm mit Texten versorgen ließen.

Illica besaß, wie Puccini, einen untrüglichen Riecher für die Bühne. Als Pragmatiker wusste er vorhandene Szenen in der richtigen Weise zusammenzukürzen oder zu erweitern, er schüttelte zusätzliche Ideen aus dem Ärmel und fand auch für die schwierigsten Bühnensituationen eine praktikable Lösung. Der Feinschliff der Verse jedoch war weder seine Sache noch sein Anliegen, hehre poetische Ideale hielt er für überflüssig: »Ich werde in jedem Libretto ausschließlich auf die Behandlung der Charaktere Wert legen«, so Illica gegenüber Puccini 1907, »auf den Schnitt der Szenen, auf die Wahrscheinlichkeit der Dialoge, der Leidenschaften und Situationen.«

Das allein war dem Komponisten augenscheinlich zu wenig; denn nach *Madama Butterfly*, der dritten Gemeinschaftsproduktion von 1904, und dem Tod Giacosas zwei Jahre später blieben alle Versuche, zu zweit zu einem Ergebnis zu kommen, erfolglos. Kein Zweifel: Dritter im Bunde war immer der Komponist; denn wie zuvor bei *La Bohème* hatte er bei *Tosca* ebenfalls ein gewichtiges Wort bei der Textgestaltung mitzureden. Handelte es sich dabei nun um eine *Santa Trinità* – »Heilige Dreieinigkeit«, wie Giulio Ricordi das Triumvirat betitelte? Oder doch eher um ein *trio infernale*, in dem mit Hauen und Stechen, Mann gegen Mann, um den poetischen und theatralischen Sieg gekämpft wurde? »Unsere Zusammenarbeit war die denkbar ruhigste und friedlichste«, meinte Puccini sich 1906 anlässlich des Todes von Giacosa in dessen früherer Zeitschrift *La Lettura* zu erinnern. »Niemals trübte eine Wolke unsere Unterredungen und unsere Sitzungen mit Illica und Ricordi.«

Nun ja – etwas realistischer klang schon, was Ricordi zu Papier brachte: »Ich hatte viel Gelegenheit, die erlesenen Eigenschaften Giacosas bei seiner Zusammenarbeit mit Illica und Puccini an der *Bohème*, an *Tosca* und an *Madama Butterfly* zu schätzen. Manchmal befand ich mich auch in einer Zwickmühle zwischen dem hartnäckigen Willen

Ist »Tosca« eine veristische Oper?

Was ist *verismo*? Ist *Tosca* eine veristische Oper? Zur Beantwortung dieser Fragen ließe sich ein ganzes Buch schreiben! Es gibt genauso jene Experten, die überzeugt davon sind, Puccini gehöre in die Reihe der veristischen Komponisten wie Leoncavallo, Mascagni oder Giordano, wie auch jene, die entschieden der Meinung sind, von Anfang an und gerade mit *Tosca* sei er seinen ganz eigenen, nicht-veristischen Weg gegangen.

Wichtig ist die Klarstellung, dass der italienische *verismo* nicht mit dem französischen *naturalisme* eines Émile Zola oder der Brüder Goncourt verwechselt werden darf. Dem *verismo* ging es nicht allein um die proletarische Herkunft der Protagonisten oder die Härte des vorbestimmten Schicksals; die Themen waren viel weiter gefasst, wie Hans-Joachim Wagner in seinem umfangreichen Buch *Fremde Welten. Die Oper des italienischen Verismo* aufgelistet hat: Exotisches Ambiente und Künstlerthematik waren genauso gefragt wie Mittelalter und italienische Renaissance. Insofern bewegte sich Puccini mit der *Tosca* (Sängerin plus römische Historie) durchaus im üblichen Rahmen seiner *verismo*-Kollegen.

Andererseits war das Phänomen *verismo* durchaus marktgesteuert, und zwar von Ricordis Verlagskonkurrenten Sanzogno, der als intelligente PR-Maßnahme Wettbewerbe für junge Opernkomponisten ins Leben rief. Puccini beteiligte sich nur einmal – mit *Le Villi*. Ohne Erfolg. Danach wählte er, im Gegensatz zu Mascagnis *Cavalleria rusticana*, mit *Manon Lescaut* und *La Bohème* keine zeitgenössischen Stoffe mehr, und *La lupa* von Giovanni Verga – einem der Hauptvertreter des italienischen Naturalismus – verwarf er nach anfänglichem Interesse als Vorlage, weil ihm die Novelle »zu düster und zu negativ« erschien. Mag das Libretto zu *Tosca* in seiner effektvoll-theatralischen Mischung aus *sex and crime* auch veristische Züge tragen, so bediente sich Puccini in seiner Musik jedoch mehr und mehr einer raffinierten Technik des »gleitendes Übergangs«, der subtilen Ausdifferenzierung, die nichts mehr mit der von Sanzogno eingeforderten Beibehaltung der Belcanto-Tradition im Sinne hatte.

des Maestro Sor Giacomo und den geradezu vulkanischen Einfällen Illicas mit Drohungen von Zweikampf.«

Wie die »Meetings« des Trios in Ricordis Mailänder Büro abliefen, hat Luigi Illica in einer munteren Beschreibung festgehalten, die auch die kaum zu unterschätzende Bedeutung des Verlegers zum Ausdruck bringt: »Giacosa, Puccini, Giulio Ricordi und ich. Ein vierblättriges Kleeblatt! Denn Giulio Ricordi, der unsere Sitzungen leiten sollte, verließ stets seinen Präsidentenstuhl, um in den Halbkreis zu treten, der bloß zwei Meter im Durchmesser hatte und von der breiten Gestalt Giacosas fast ganz ausgefüllt wurde. Hier wurde Ricordi einer der hartnäckigsten und stärksten Streiter, warf in die Debatte seine salomonischen Urteile, seine heftigsten Kritiken, seine prophetischen Ermutigungen und seine Ideen, doppelsinnig und gewürzt mit Mailänder Geist und schließlich auch seinen jugendlichen Enthusiasmus.« Mal begütigender *pater familias*, dann wieder verständnisvolle »Mutter der Kompanie«: Der hochintelligente, theatererfahrene, sensible und diplomatische Giulio Ricordi sollte auch bei der *Tosca* immer wieder zum wichtigen Dreh- und Angelpunkt im mühevollen Entstehungsprozess werden.

Drei Jahre zähes Ringen um die Endfassung

Fasst man diesen Prozess zusammen, so wird das mühevolle Hin und Her zwischen den Akteuren, das Ringen um die bestmögliche Lösung, besonders deutlich. Vor allem in den ersten beiden Jahren schleppt sich das Projekt *Tosca* zäh dahin. Im August 1896 dürfte ein von Giacosa überarbeiteter Entwurf des 1. Aktes vorgelegen haben, den Puccini dann an Illica weiterleitete. Vom 14. Oktober desselben Jahres ist ein hübsches Memorandum des Verlegers überliefert, der Puccini zur Eile antreibt: »È necessario dare fuoco alla locomotiva TOSCA e metterla in moto a gran velocità!« – »Es ist notwendig, der Lokomotive TOSCA Feuer zu machen und sie mit großer Geschwindigkeit in Bewegung zu setzen!« Von wegen Feuer: Es vergehen weitere Monate bis zum Ende des Jahres, bevor (der stets langsam arbeitende) Giacosa schließlich den vorläufigen Gesamttext in Versform präsentieren kann.

Danach folgt eine Zeit, in der die Beratungen kaum durch Briefe dokumentiert sind. Heißt das, dass es überhaupt nicht vorwärts ging? Oder dass man sich immer wieder getroffen hat und deshalb keine schriftlichen Äußerungen vorliegen? Es scheint eher, dass Puccini das ganze Jahr 1897 – folgt man den Berichten der *Gazzetta musicale* – vor allem damit beschäftigt war, seine *Bohème* in England, Berlin und Wien zu »promoten«, und somit wenig Muße und Konzentration für die *Tosca* fand. Indiz dafür ist sein Brief vom 23. November 1897 an den Verlegersohn Tito Ricordi, in dem er erstmals auf die neue Oper zurückkommt: »In 5 oder 6 Tagen werden wir wieder in Mailand sein … und bei *Tosca,* die endlich festere Konsistenz annehmen wird.« Die

Winterzeit in Torre del Lago nutzt Puccini tatsächlich zu intensiver Arbeit; dazu gehören auch detaillierte Anfragen an einen Pater aus Rom, Don Pietro Panichelli, den er kurz zuvor in der Hauptstadt kennengelernt hat, zwecks Gestaltung des Tedeum im Finale des 1. Aktes.

Anfang März 1898 schreibt Puccini seinem Freund Vandini aus Mailand: »Anfang April kehre ich mit der Familie bis Ende Mai nach Paris zurück, dann geht es nach London, und danach geht es zurück nach Italien und aufs Land, wo ich meine ›Tosca-nische‹ Arbeit voranbringen will.« Und dem Dirigenten Arturo Toscanini – »caro Arturetto bello« – berichtet er wenige Tage später, dass *Tosca* gut vorankomme: »Ricordati che tu devi essere il suo sverginatore.« – »Denk daran, dass Du ihr Entjungferer sein sollst.« Aus der Reise nach London wird zwar nichts, dafür kann Puccini den verlängerten Aufenthalt in Paris (Mitte April bis Mitte Juni 1898) zu weiteren Absprachen mit Sardou nutzen.

Im Sommer zieht er sich zum Arbeiten aus der schwülen Hitze von Torre del Lago in die Berge zurück, wo er intensiv an der Partitur des 1. Aktes feilt. Die Handschrift der Partitur belegt dies: Am Ende des 1. Aktes findet sich eine Eintragung mit dem Datum vom 18. August. In einem Brief an Ricordi vom 31. Juli 1898 ist aber auch bereits von geplanten Textänderungen im 2. und 3. Akt die Rede. Wieder ist es die *Gazzetta musicale*, die dem Maestro beim Komponieren über die Schulter schaut. Der wissbegierigen Öffentlichkeit weiß sie – allerdings erst am 6. Oktober – mit poetischen Worten Folgendes zu berichten: Puccini entsage derzeit zu abendlicher Stunde den Verführungen der Jagd, dann werde Nimrod, der sagenhafte Jäger, zum Komponisten, und den fünf bis sechs Bewohnern des Seeufers sei es vergönnt, in der nächtlichen Stille den Klang des Klaviers zu vernehmen, dem Puccinis neueste Inspirationen entströmen: »Genau in diesen Tagen hat Puccini die Partitur des 1. Aktes der *Tosca* abgeschlossen.«

Im Januar ist der Komponist erneut in Paris, trifft Sardou und diskutiert mit ihm diesmal über den Schluss der Oper (s. S. 50). Dann geht es in großen Schritten voran: Für den Anfang des 2. Aktes gibt die Partitur das Datum »23.2.99« an, für das Ende den »16 luglio 1899«. Parallel dazu laufen bereits die Diskussionen um die Details des 3. Aktes, den Ricordi endgültig im September in den Händen zu halten hofft. Immerhin verkündet die *Gazzetta musicale* schon am 10. August die große Nachricht: »Giacomo Puccini befindet sich in Boscolungo, am Abetone in der Toscana: In der dortigen Kühle und dem Grün der Berge ist er dabei, den letzten Akt der *Tosca* zu vollenden.« In der Tat: Den offiziellen Schlusspunkt setzt Puccini, so ist es in der Partitur nachzulesen, exakt am »29 7bre 99 / ore 4:15 di mattino« – »29. September 99 / 4:15 h morgens«.

Was jedoch nur die halbe Wahrheit ist – denn es fehlt immer noch der gesamte Anfang des letzten Aktes! Dringend wartet der Komponist auf Verse in römischem Dialekt, die er für das Hirtenlied braucht; einen Monat später ist auch das endlich geschafft. Und zum gleichen Zeitpunkt schreibt er die allerletzten Noten der stimmungsvollen Einleitung mit der Schilderung der Morgenstimmung an der Engelsburg. Giulio Ricordi ist außer sich vor Freude und Stolz, wie er Puccini mitteilt: »Vorspiel erhalten. Wunderbar!! Ich schicke ein großes Evviva auf das vollendete Werk und unendliche gute Wünsche dem Maestro.« Die *Gazzetta musicale* versagt sich ein weiteres Hurra und bleibt diesmal ganz nüchtern: Sie vermeldet, dass die Uraufführung noch in der Wintersaison am Teatro Costanzi in Rom stattfinden soll.

Kürzer und konzentrierter: die Änderungen gegenüber Sardous Drama »La Tosca«

Schon als Puccini das Drama von Sardou zum ersten Mal auf der Bühne erlebte, war ihm klar geworden, wie viele Änderungen daran vorgenommen werden müssten, um ein brauchbares Opernlibretto zu erhalten. Mit seinen Bedenken war er nicht alleine, wie mehrere ausführliche Briefe Giacosas zeigen, darunter jener vom 23. August 1896 an Ricordi: »Wie ich Ihnen schon von Tronaghi sagen ließ, bin ich fest davon überzeugt, dass *Tosca* für die Oper nicht gut geeignet ist. Auf den ersten Blick mag die schnelle und klare dramatische Handlung zwar täuschen – umso mehr, wenn man zum ersten Mal Illicas kluge Zusammenfassung liest. Aber je weiter man in die Handlung eindringt, jede einzelne Szene betrachtet und lyrische wie poetische Regungen sucht, umso mehr wird einem klar, dass das Ganze völlig ungeeignet für das Musiktheater ist.« Die Negativbeispiele, die er anführt – die vielen Duette, die Konzentration auf eine Hauptfigur, die »mechanische« Abfolge der Ereignisse –, dürften auch Puccini sehr bald zu Ohren gekommen sein. Doch das Endergebnis zeigt, wie klug und professionell die Bearbeiter die tatsächlichen Schwächen bei Sardou, vor allem seine geschwätzige Gelehrsamkeit, ausgebügelt haben.

So wurde nicht nur bei den Personen radikal die Schere angesetzt: Von 23 Figuren blieben nur neun übrig. Auch die Zahl der Akte schmolz von fünf auf drei zusammen, wobei ganz klar die Stringenz

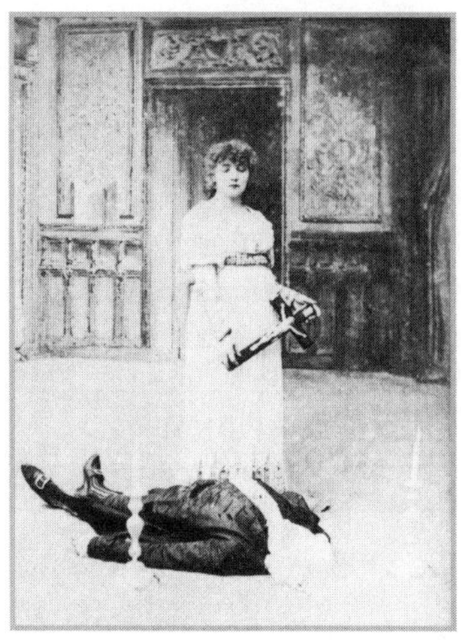

Sarah Bernhardt (1844–1923) in der Titelrolle von »La Tosca«, die ihr 1887 von Victorien Sardou perfekt auf Leib und Sprechstimme geschrieben wurde.

der Handlung im Vordergrund stand: Alle weitschweifigen historischen Exkurse wurden gestrichen, bisweilen auch genial umschifft. Wo der entflohene Ex-Konsul Angelotti dem Maler Cavaradossi bei Sardou langatmig seine Geschichte erzählt (was in diesem Moment der Gefahr sehr unrealistisch wirkt), reicht bei Illica/Giacosa ein Satz: »Erkennt Ihr mich nicht?« – damit wird klar, dass beide sich längst kennen und der Maler durchaus mit den Ansichten Angelottis und der Republikaner sympathisiert. Wobei die politische Dimension des Dramas Puccini eher unwichtig gewesen sein dürfte, wie Dieter Schickling überzeugend dargelegt hat: »Puccini, nicht gerade ein Freund revolutionärer Umtriebe, war jedoch sensibel genug zu empfinden, was an Zündstoff in dem Thema steckte.« Schnell schwenkten die Librettisten ganz von der historisch-patriotischen auf die existenziell-menschliche Ebene hinüber, und der Komponist hatte nunmehr keine Mühe, zumindest die atmosphärische Spannung der historischen Folie in der Musik zu großer Wirkung kommen zu lassen.

Auch das Getändel des 2. Aktes mit dem Fest der neapolitanischen Königin interessierte Puccini ganz und gar nicht. Es wurde allein auf seine dramaturgische Bedeutung reduziert: Tosca singt im Hintergrund, während auf der Bühne das Verhör Cavaradossis umso greller hervorsticht. Die Szenen in dessen Landvilla fielen ebenso der Umarbeitung zum Opfer; was davon für die Handlung gebraucht wurde – die Drohungen Scarpias gegenüber Tosca –, verlegte man in dessen Arbeitszimmer (nunmehr im Palazzo Farnese). Dadurch erhält das Libretto eine Dichte und theatralische Sogkraft, die wiederum durch kurze Momente des Innehaltens und der typisch opernhaften Reflexion in Form einer Arie oder eines Arioso höchst geschickt gelockert werden.

Intensive Diskussionen mit Sardou in Paris gab es über den letzten Akt – nicht nur über den korrekten Verlauf des Tibers! Recht schnell akzeptierte der Franzose die örtliche Zusammenlegung von

Kerker und Erschießungsplattform, wie sie von Puccini geplant war; dagegen lehnte er kategorisch dessen Vorschlag ab, die Titelheldin im Nachklang von Donizetti oder Verdi schlicht und einfach »entseelt« zu Boden sinken zu lassen. Der Italiener echauffierte sich gewaltig, gab aber schließlich Sardou nach und verschaffte Tosca einen dramatischen Abgang, wie ihn Richard Wagner schon 55 Jahre zuvor für seine unglückliche Senta im *Fliegenden Holländer* ersonnen hatte: ein verzweifelter Sprung in den Tod.

An anderer Stelle dagegen war sich Puccini einig mit Sardou und griff beherzt in die bestehende Textfassung der beiden Librettisten ein. Das dokumentiert sein Brief an Ricordi vom Juli 1898, der sich mit dem Ende des 2. Akts beschäftigt: »Warum hat man den letzten Vers gestrichen: ›und vor ihm zitterte ganz Rom‹? Ich habe ihn wieder eingesetzt, und er gefällt mir. Es ist also besser, ihn jetzt stehen zu lassen.« Nicht auszudenken, wenn heute Toscas voller Verachtung ausgestoßener Satz an der Leiche Scarpias »E avanti a lui tremava tutta Roma!« fehlen würde! Man kann Puccinis Gespür für die dramatische Wirkung solcher Details nur bewundern.

Scarpia, der bösartige Polizeichef, hat die bemerkenswerteste Aufwertung aller Figuren erfahren. Bei Sardou hängt er noch wie eine Marionette an den wenig zimperlichen Händen der Königin Maria Carolina: Spürt er den entflohenen Häftling Angelotti nicht wieder auf, wird er dafür büßen müssen! Illica/Giacosa geben ihm ein anderes Motiv, das ihn antreibt: die Gier nach Tosca. Je mehr sie sich ihm widersetzt, desto größer wird sein sexuelles Verlangen nach ihr, das mit seinem brutalen Machtstreben eine unheilige Allianz eingeht. In der Zeichnung der Figur haben die beiden Librettisten deutliche wiedererkennbare Anleihen bei Verdis Jago im *Otello* (Scarpia selbst vergleicht den Fächer der Marchesa Attavanti mit dem Taschentuch Desdemonas!) und Ponchiellis ebenso intrigantem Barnaba in *La Gioconda* genommen.

Kommen wir noch einmal auf den dramaturgisch immer besonders heiklen 3. Akt zurück. Wie nach der geballten Dramatik der ersten beiden Akte fortfahren? Der Komponist wählte bewusst einen »lyrischen« Einstieg, das heißt, er schaltete dem eigentlichen Geschehen auf der Engelsburg zwei stillere Szenen vor, für die er sich professionellen Beistand aus Rom erbat. Nachdem er zuvor schon (vergeblich) den befreundeten Don Pietro Panichelli, Dominikanerpater und glühender Opernfreund, um liturgische Infos für das Finale des 1. Aktes gebeten hatte und schließlich selbst eine Lösung für das Tedeum fand, konnte

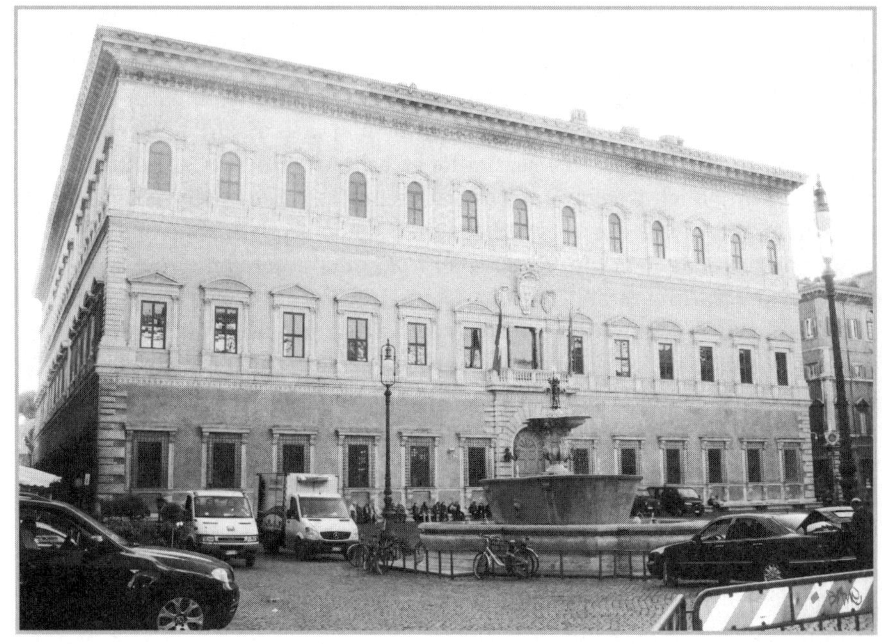

Schauplatz des 2. Aktes: der imposante Palazzo Farnese, heute Sitz der französischen Botschaft.

Panichelli bei einer Anfrage zum 3. Akt besser helfen: Er fand heraus, dass die Morgenglocke von St. Peter genau auf einem tiefen *e* erklingt, was Puccini präzise in die Partitur übernommen hat. Außerdem wurde der römische Freund Alfredo Vandini eingespannt. Er bekam den Auftrag, einen Dichter ausfindig zu machen, der ein kurzes Hirtenlied in römischem Dialekt – »traurig und sentimental« – verfassen könne. Länge und Metrum hatte Puccini längst im Kopf und lieferte beides gleich mit; schließlich fand sich der geeignete Poet in Luigi Zanazzo, der, geschmeichelt von dem Auftrag des großen Maestros, die wenigen Verse zusammenreimte. Honorar bekam er trotz seiner Nachfragen nicht dafür …

Während Puccinis Komposition kurz vor dem Abschluss steht, braut sich jedoch völlig überraschend ein Gewitter zusammen, das sich am 11. Oktober in Form eines weiteren Briefes über Torre del Lago entlädt. In einem mehrseitigen Schreiben lässt Ricordi mit wohlgesetzten, aber unmissverständlichen Worten seiner Enttäuschung über den 3. Akt freien Lauf: Vor allem das Duett Tosca – Cavaradossi sei völlig misslungen, kurz und unbedeutend, der überragenden Fantasie eines Puccini ganz und gar unwürdig. Der Verleger malt die künstlerischen und finanziellen Konsequenzen eines solch schwachen Finales drastisch an die Wand, er schmeichelt und droht, er beschwört und klagt – das ist noch einmal ganz großes Theater *all'italiana*, wie es hier von Ricordi zelebriert wird: »Bin ich Kassandra? Oder bin ich ein dummer Astrologe des Jahres 1000? Ich möchte lieber der Letztere sein! … Aber auch dieser möchte ich nicht sein, denn ich will noch und für immer sein treuer Freund, der wahre Bewunderer Puccinis sein!«

Schon am nächsten Tag – damals funktionierte die Post anscheinend deutlich besser als heute – hält Ricordi die Antwort in Händen. Darin macht ihm der Komponist mit ebenso wohlgesetzten, aber kompromisslosen Worten klar, dass er nur so und nicht anders komponieren konnte, dass ein traditionelles Liebesduett in der angespannten Situation der beiden völlig unwahrhaftig gewirkt hätte: »Ich wiederhole, ich bin nicht hochmütig. Es handelt sich lediglich um die Verteidigung einer Arbeit, die ich reiflich erwogen habe und die mich so viele Gedanken gekostet hat … Unsere Ansichten über diesen 3. Akt gehen auseinander. Es wäre das erste Mal, dass wir uns nicht einigen können. Aber ich hoffe, ich bin sicher, Sie werden Ihre Meinung noch ändern. Wir wollen sehen.« Puccini sollte recht behalten. Als er dem Verleger das nachträglich komponierte Vorspiel und das Hirtenlied zusendet und damit der 3. Akt endlich in seinem ganzen Spannungsbogen vorliegt, ist Ricordi voll des überschwänglichsten Lobes. Augenscheinlich hat sich Puccini nicht reinreden lassen und an den kritisierten Teilen dieses Aktes nur wenige Kleinigkeiten geändert.

Die Proben zur Uraufführung in Rom

Damit konnte die Produktionsmühle des Verlagshauses Ricordi in Gang gesetzt werden. Carlo Carignani, der Freund aus Luccheser Jugendtagen, besorgte in bewährter Weise den Klavierauszug, außerdem wurden die Textbücher noch einmal mit der Partitur verglichen und dann im Dezember 1899 gedruckt. Das Teatro Costanzi in Rom stand inzwischen auch schon als Ort der Uraufführung fest. Über die Gründe für diese Wahl sind vielerlei Mutmaßungen angestellt worden: Oft wird Puccini und Ricordi unterstellt, nach der Uraufführungspleite der *Bohème* in Turin bewusst den Norden Italiens gemieden und Rom gewählt zu haben. Gemutmaßt wird auch, der Verleger habe aus taktisch-politischen Gründen die Hauptstadt des Königreiches ausgewählt. Erstaunlich aus heutiger Sicht ist eher, wie gleichmütig der Stoff

Teatro Costanzi in Rom

Das Teatro Costanzi – heute Teatro dell'Opera di Roma – hat in den etwa 140 Jahren seit seiner Erbauung eine Vielzahl von Änderungen, innerlich wie äußerlich, erleben müssen. Es entstand auf private Initiative eines wohlhabenden Bauunternehmers, Domenico Costanzi, und wurde in gerade einmal 18 Monaten Bauzeit hochgezogen. Die Eröffnung fand in Anwesenheit des königlichen Paares am 27. November 1880 statt, mit Rossinis Oper *Semiramide* von 1823. In die Folgezeit fallen die drei spektakulärsten Uraufführungen: *Cavalleria rusticana* (1890) und *Iris* (1898) von Mascagni sowie Puccinis *Tosca* (1900). 1907 muss Costanzi »sein« Theater an den umtriebigen Opernimpresario Walter Mocchi und dessen Ehefrau, die Sopranistin Emma Carelli, verkaufen.

Der große Einschnitt folgt 1926, als Mussolini die Stadt Rom auffordert, das Opernhaus zu übernehmen: Es wird zum Teatro Reale dell'Opera, zum Königlichen Opernhaus. Damit verbunden sind einschneidende bauliche Veränderungen: Der Eingang wird sozusagen von hinten nach vorne verlegt, wo heute die Piazza Beniamino Gigli den Besucher empfängt, und ein vierter Logenrang mit »Olymp« eingezogen. 1958 schließlich erhält – in Hinblick auf die Olympischen Spiele von 1960 – der Architekt von 1926, Marcello Piacentini, ein weiteres Mal den Auftrag zu einem Umbau, wobei die Fassade ihr heutiges, streng-sachliches Gesicht bekommt.

in Rom, dem Zentrum der Christenheit, aufgenommen wurde. Dazu muss man wissen, dass der Vatikan um 1900 noch immer schwer unter dem Verlust seiner weltlichen Macht im Jahr 1871 zu leiden hatte. Gerade in Rom wehte der Kirche ein scharfer Wind entgegen; unvergessen waren die Auseinandersetzungen um das Denkmal für den als Ketzer verbrannten Giordano Bruno, das gegen den massiven Widerstand des Papstes 1889 auf dem Campo dei Fiori (in Sichtweite des Palazzo Farnese!) errichtet worden war. Insofern konnte Ricordi sicher sein, dass das *Tosca*-Thema im laizistischen Rom die gebührende Resonanz finden würde.

Im Übrigen lag die Stadt als Schauplatz der Oper sozusagen »auf der Hand«. Wo sonst hätte man den Genius Loci besser einfangen können als in jenem Opernhaus, das sich nur wenige Kilometer Luftlinie von den historischen Schauplätzen entfernt befand? Für einen kam die Wahl Roms allerdings ungelegen: den aufstrebenden Dirigentenstar und lange zuvor auserwählten *Tosca*-»Entjungferer« Arturo Toscanini. Er hatte Aufgaben an seinem Stammhaus, der Mailänder Scala, zu absolvieren und stand nicht zur Verfügung; an seiner Stelle kam der von Puccini ebenso geschätzte Leopoldo Mugnone zum Einsatz. Voller Zuversicht schrieb der Komponist an Don Panichelli: »Ich glaube, die Oper wird ein Erfolg *hors ligne* [außergewöhnlich]. Mugnone wird seine ganze Künstlerseele in sein Dirigat einbringen; und all die tüchtigen Sänger (im nötigen Maß angestachelt) leisten Erstaunliches und geben alles. Diesmal bin ich in guten Händen: das Haus, das Orchester, Künstler und Dirigent. Hoffen wir auf das römische Publikum und vor allem auf den Erfolg der Oper.«

Zwei vertraute Mitstreiter als Regisseur und Bühnenbildner: Tito Ricordi und Adolf Hohenstein

Völlig selbstverständlich war es, dass ein so mächtiger Verleger wie Ricordi ein gewichtiges Wort bei der Auswahl des künstlerischen Personals mitzureden hatte. So schickte er seinen ältesten Sohn Tito, Juniorchef des Verlagshauses, nach Rom, um die Regie zu übernehmen (soweit man nach heutigen Kriterien von »Regie« überhaupt sprechen kann).

Darüber hinaus hatte Ricordi junior aus Mailand auch den Bühnen- und Kostümbildner Adolf (italianisiert Adolfo) Hohenstein (1854–1928) mitgebracht. So wenig der Deutsche heute noch bekannt sein mag, so sehr hat er das »Gesicht« des Verlags Ricordi wie kein anderer geprägt. Geboren in St. Petersburg und aufgewachsen in Wien, wo er an der Akademie der schönen Künste studierte, fasste der junge Hohenstein – nach einem mehrjährigen Aufenthalt im fernen Siam (heute Thailand) – schnell Fuß in Mailand und wurde vom geschäftstüchtigen Giulio Ricordi in der Funktion eines *art director* eingesetzt. Plakate und Besetzungszettel, Textbücher und Klavierauszüge: Alles lag in seiner Hand und wurde perfekt mit den Bühnenbildern abgestimmt. Die entstanden an seinem zweiten Arbeitsplatz nicht weit von Ricordis Verlagshaus: der Mailänder Scala.

Im Falle der *Tosca* hatte Hohenstein es einfach, konnte er doch die römischen Originalschauplätze direkt auf die Bühne übertragen. Berühmt wurde seine gemalte Plakatversion der Schlussszene des 2. Aktes – Tosca mit den Kandelabern an der Seite des toten Scarpia. Hier wie auch bei vielen anderen Motiven gelang es ihm, Ein-

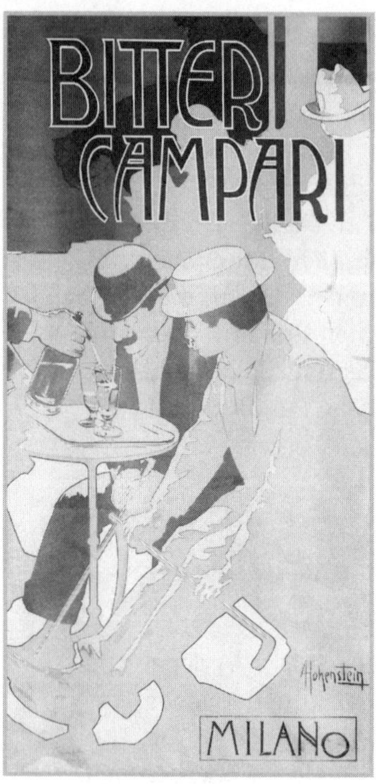

Werbeplakat von Adolf(o) Hohenstein (1854–1928), der sowohl als Bühnen- und Kostümbildner als auch als Werbegrafiker tätig war. Er gilt als Vorreiter des *Stile Liberty* in Italien.

flüsse von Jugendstil und Art nouveau zu Bildern von großer Suggestivkraft zu formen. Puccinis Schaffen begleitete Hohenstein über 20 Jahre, von *Le Villi* (1884) bis zu *Madama Butterfly* (1904). Bekannt wurden auch seine Plakate für Mascagnis *Iris* oder Franchettis *Germania* sowie ein Aquarellzyklus für Ricordis *Gazzetta musicale* über die Proben zu Verdis letzter Oper *Falstaff* (1893). Für seine Arbeiten heimste der Künstler zahlreiche Ehrungen und Medaillen ein; in seinem weitgefächerten Schaffen fand Werbung für die Mailänder Tageszeitung *Corriere della Sera* oder die Firma Campari genauso Platz wie ein internationaler Wettbewerb der Tontaubenschützen oder eine Kampagne für ein italienisches Bier namens *Birra Italia* (1906). Später kehrte Adolf Hohenstein ganz nach Deutschland zurück, wo er hauptsächlich als Maler und Architekt wirkte und 1928 in Bonn starb.

Puccini hatte sich mit Elvira und deren Tochter Fosca in einer großzügigen Wohnung in der Via Nazionale unweit des Teatro Costanzi einquartiert, wo der Maestro die Sänger zu intensiven Einzelproben bitten konnte. Dass die Atmosphäre dort durchweg entspannt war, berichtet Don Panichelli in seinen mitunter etwas selbstgefälligen Erinnerungen *Il pretino di Puccini*, die erstmals 1939 erschienen: »Puccini war heiter, ruhig und optimistisch.« Und noch einen Ausspruch des Komponisten wusste der Ohrenzeuge der häuslichen Sitzungen mitzuteilen: Nach einer abendlichen Probe der Folterszene habe Puccini befriedigt auf die Tasten gehauen und gesagt: »Questa musica la può scrivere Dio e poi io.« – »Diese Musik kann Gott schreiben, und dann ich.« Erstaunlicherweise zeigte sich der Pater keineswegs entrüstet über solche Blasphemie: »Das wahre Genie weiß, was es schreibt, und der Maestro hatte völlig recht.«

Doch im Theater sind alle Mitwirkenden bis an ihre Grenzen gefordert. »Ich bin ganz Körper und Seele des Theaters«, schreibt Puccini am 8. Januar aus Rom. »Wir proben jeden Tag zehn Stunden.« Der Maestro selbst pflegt gewöhnlich in der vierten Reihe des Parketts zu sitzen, die unvermeidliche Zigarette zwischen den Fingern. Mugnone, ganz temperamentvoller Neapolitaner, zieht bisweilen mit wüsten Beschimpfungen über die Orchestermusiker und sogar über die Sängerin der Tosca her, wenn sie seinen Vorstellungen nicht genügen.

Unruhige politische Lage in Rom

Was niemand ins Kalkül gezogen hatte bei der Wahl von Ort und Datum: Für eine spektakuläre Premiere war die politische Lage in der Hauptstadt Rom in jenen ersten Tagen des neuen Jahrhunderts nicht gerade günstig. Schon seit längerer Zeit nahm die Unzufriedenheit im Lande mit den sozialen Lebensumständen zu; in der neu gegründeten Sozialistischen Partei (PSI) fand die Arbeiterbewegung ein lautstarkes Sprachrohr. Puccini selbst war 1898 in Mailand Zeuge gewaltsamer Auseinandersetzungen zwischen Demonstranten und der Polizei geworden, dem sogenannten *protesta dello stomaco* (»Protest des Magens«), der mit dem Einsatz von Kanonen niedergeschlagen wurde und mehr als 100 Todesopfer forderte, was die Stimmung im Land weiter aufheizte. Danach steuerte König Umberto I. einen noch kompromissloseren Kurs der Repression; die Regierung des Generals Pelloux ließ verdächtige Organisationen linker wie katholischer (!) Gesinnung verbieten. Das Land stand quasi unter Militärherrschaft – kaum anders als 100 Jahre zuvor, zu Zeiten von Tosca und Scarpia.

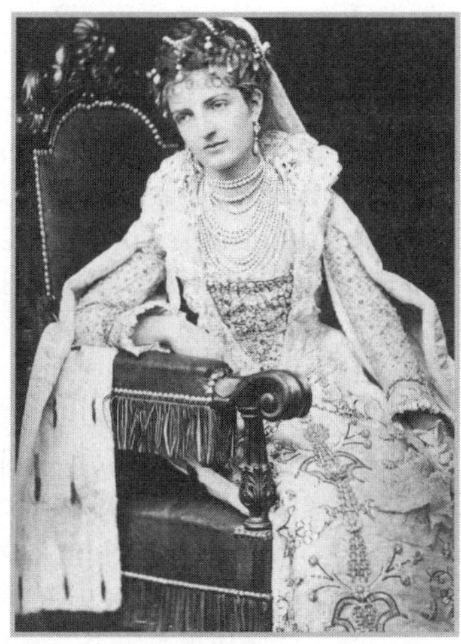

Die italienische Königin Margherita (1851–1926), Tochter des Prinzen Ferdinand von Savoyen und Ehefrau von Umberto I., war bekannt als Förderin der Künste.

Doch die Uraufführung einer Puccini-Oper hatte sich längst zu einem kulturellen und gesellschaftlichen Großereignis gemausert, bei dem keiner fehlen wollte – weder der Premierminister General Pelloux noch der Kulturminister, Senatoren, Abgeordnete und der römische Bürgermeister Prinz Colonna. Auch die Gattin Umbertos I., Königin

Margherita (genau jene, die dem jungen Giacomo einst ein Stipendium für das Studium in Mailand zuteilen ließ) hatte sich angesagt, was vermutlich die Spannung bei allen Beteiligten weiter erhöhte. Da musste eine Bombendrohung, die kurz vor Beginn der Vorstellung bei der Polizei einging, mehr als ernst genommen werden. Auch wenn es letztlich falscher Alarm war: Umberto I. fiel nur sechs Monate später, am 29. Juli 1900, in Monza den Pistolenschüssen eines Attentäters zum Opfer.

Neben den Politikern waren selbstverständlich die wichtigsten Musikkritiker des Landes angereist, außerdem Komponistenkollegen wie Pietro Mascagni und Francesco Cilea *(Adriana Lecouvreur)*. Sogar der komponierende Wagner-Sohn Siegfried, zu Gast bei der seit 1875 in Rom lebenden Schriftstellerin und Nietzsche-Freundin Malwida von Meysenbug, ließ sich die Premiere nicht entgehen.

Arnaldo Fraccaroli, Journalist und erster Puccini-Biograf, hat in seinem Buch von 1925 höchst anschaulich die angespannte Atmosphäre zu Beginn der Aufführung geschildert: Verständlicherweise wirkt die Bombendrohung nicht gerade beruhigend auf die Mitwirkenden, schon gar nicht auf den Dirigenten Mugnone, der von der Polizei den dringenden Rat erhalten hat, im Fall des Falles sofort den Königsmarsch zu spielen. Mugnone selbst ist einige Jahre zuvor am Teatro Liceu in Barcelona Zeuge eines solchen Attentats geworden, das mehrere Todesopfer forderte. Auch beim Premierenpublikum verbreitet sich das Gerücht über einen drohenden Anschlag. Die Unruhe im Theater ebbt nicht ab, als Mugnone den Taktstock hebt. Ganz im Gegenteil: Immer stärker werden das Murmeln und Raunen, die Proteste und Beschimpfungen, bis der Dirigent vor Cavaradossis Arie *Recondita armonia* abbricht und der Vorhang fällt. Doch die Proteste erweisen sich als harmlos, sie gelten den zahlreichen zu spät eintreffenden Zuschauern, die versuchen, auf ihre Plätze zu gelangen – und nach zehn Minuten beginnt die Vorstellung noch einmal von vorne!

Mögen auch viele Puccini-Fans vor Ort sein: Sein Kompositionsstil der fließenden Übergänge macht es dem Publikum nicht leicht, Gelegenheiten zum Applaudieren zu finden. Beklatscht werden dennoch die genannte Tenorarie *Recondita armonia* und das aufwendige, gewaltig sich steigernde Finale des 1. Aktes, das sogar wiederholt werden muss. Im 3. Akt sind es die zweite Tenorarie *E lucevan le stelle* und das Liebesduett, die besondere Zustimmung finden. Am Ende gibt es viel Beifall und diverse Vorhänge, drei davon nur für Puccini. Ein Erfolg – nicht mehr und nicht weniger. Keine Buhs und Proteste wie bei der *Bohème* vier Jahre zuvor, aber auch kein ungeteilter Triumph. Laut

Kaiser Nero und Kollegen: Rom als Opernschauplatz

In der 2000-jährigen Geschichte Roms haben sich viele Dramen abgespielt. Kein Wunder also, dass es auch eine Vielzahl an Opern gibt, die Rom als Schauplatz nutzen. Zumeist sind es die antiken Kaiser, die nachträglich zu Opernruhm kamen. Päpste als Protagonisten sucht man dagegen vergeblich; sie hatten sich, wenn überhaupt, mit Nebenrollen zu begnügen.

Chronologisch gesehen beginnt es in der römischen Kaiserzeit, mit Agrippina, der Gemahlin des Kaisers Claudius, der Georg Friedrich Händel mit der gleichnamigen Oper 1709 in Venedig gehuldigt hat. Der trickreichen Strippenzieherin Agrippina gelingt es, ihren Sohn Nero auf den Thron zu hieven und gleichzeitig aus dem Feldherrn Ottone und der Römerin Poppea ein Paar zu machen. Damit ist schon der Stoff für weitere Opern gewoben: Claudio Monteverdi macht die nicht weniger skrupellose Poppea zur Titelheldin seiner frühbarocken Oper *L'incoronazione di Poppea – Die Krönung der Poppea* (1642). Auch in diesem bissigen Sittengemälde der Antike bleiben Kolosseum und andere »Sehenswürdigkeiten« komplett außen vor.

Noch mal *Nerone,* aber ein völlig anderer Stoff: Arrigo Boito, Librettist Giuseppe Verdis (*Otello* und *Falstaff*) und selbst Komponist von Rang, reizte der Konflikt zwischen dem größenwahnsinnigen Kaiser und dem heidnischen Magier Simon Mago, der die Weltherrschaft an sich reißen will. Boitos ehrgeiziges, fünfstündiges Werk kam erst 1924, sechs Jahre nach seinem Tod, zur Uraufführung in Mailand. Rom feierte damit 1928 die Wiedereröffnung seines Opernhauses nach umfangreichen Umbauten.

Eine Generation weiter führt Wolfgang Amadé Mozarts Opera seria *La clemenza di Tito – Die Großmut des Titus*, 1791 in Prag uraufgeführt. Das Libretto des Wiener Hofpoeten Pietro Metastasio – für Mozart von Caterino Mazzolà bearbeitet – wurde etwa 60-mal vertont, so von Caldara, Hasse, Gluck und Jommelli. Es stellt den trotz aller Intrigen und Anschläge bei seiner Großmut bleibenden Herrscher in den Mittelpunkt. Als römisches Lokalkolorit kommen das Forum Romanum und die kaiserliche Wohnung am Palatin ins Spiel. Von dort ein Sprung in das Rom von 1350: Am Forum Romanum, an der Laterankirche und im Kapitol lässt Richard Wagner seine »große tragische Oper« *Rienzi, der Letzte der Tribunen* (1842) spielen. Rienzi zieht als Volkstribun erfolglos gegen den römischen Adel in den Kampf, und am Ende liegt das Kapitol in Schutt und Asche. Bleibt noch eine wichtige Oper, die das Rom der Renaissance zeigt. In seinem *Benvenuto Cellini* (1838) hat Hector Berlioz das turbulente Leben des berühmten Goldschmieds eingefangen – mit stürmischer Liebe, missglückter Entführung und dem Guss der Perseus-Statue.

Auskunft von Panichelli wehrt Puccini auf dem Nachhauseweg alle enthusiastischen Glückwünsche ab: »Un vero successo non è. Verrà, ne sono sicuro, ma stasera non c'è stato.« – »Ein wirklicher Erfolg ist es nicht. Er wird kommen, da bin ich sicher, aber heute Abend war er es nicht.«

Die Handlung

Text und Stoffquelle Als Vorlage für das Opernlibretto diente Victorien Sardous fünfaktiges historisches Drama *La Tosca*, das 1887 in Paris uraufgeführt wurde. Protagonistin war die berühmte Schauspielerin Sarah Bernhardt, die anschließend in vielen Ländern Europas Triumphe mit diesem Stück feierte.
Uraufführung 14. Januar 1900, Rom, Teatro Costanzi (heute Teatro dell'Opera di Roma)
Personen Floria Tosca, berühmte Sängerin (jugendlich-dramatischer Sopran, c^1–c^3); Mario Cavaradossi, Maler (Tenor, *des*–h^1); Baron Scarpia, Polizeichef (dramatischer Bariton, *H*–ges^1); Cesare Angelotti (seriöser Bass, *c*–e^1); Der Mesner (Bassbuffo, *As*–e^1); Spoletta, Polizeiagent (Tenor, *cis*–fis^1); Sciarrone, ein Gendarm (Bass, *d*–d^1); Ein Schließer (Bass, *H*–*des*); Ein Hirt (Knabenstimme, *H*–e^2); Roberti, Gerichtsbüttel (stumme Rolle); Ein Kardinal; Der Staatsprokurator; Ein Schreiber; Ein Offizier; Ein Sergeant; Soldaten; Sbirren; adlige Damen und Herren; Geistliche; Ordensbrüder; Bürger; Volk usw.
Orchester 3 Flöten (2. und 3. auch Piccolo), 2 Oboen, 1 Englischhorn, 2 Klarinetten, 1 Bassklarinette, 2 Fagotte, 1 Kontrafagott, 4 Hörner, 3 Trompeten, 3 Posaunen, 1 Bassposaune, Pauken, Schlagwerk (große Trommel, Becken, Rührtrommel, Triangel, Glockenspiel, Tam-Tam), Carillon, Celesta, Harfe, Orgel, Streicher – Bühnenmusik: 1 Flöte, 1 Viola, 1 Harfe, 3 Posaunen, 1 Trommel
Ort und Zeit der Handlung Rom, (17. / 18. Juni) 1800
Gliederung Durchkomponierte Großform in drei Akten
Spieldauer Etwa 2 Stunden

Vorgeschichte 1798, neun Jahre nach der Französischen Revolution, haben Napoleons Truppen und mit ihnen der Geist der Freiheit auch die Stadt Rom erreicht. Zuerst wird die weltliche Herrschaft des Papstes beendet, dann wenden sich die Franzosen auch gegen den König von Neapel Ferdinand IV., der ins Exil nach Palermo fliehen muss. Doch mit dem Rückzug von Napoleons Truppen gen Norden entsteht ein Machtvakuum, das Ferdinand entschlossen zu nutzen weiß. Er erobert Neapel zurück und besetzt Rom. Ein von Spitzeln und Spionen getragener Polizeiapparat, an seiner Spitze der Polizeichef Baron Scarpia, drangsaliert die Bevölkerung. Zugleich laufen blutige Racheaktionen gegen die oppositionellen Republikaner.

1. Akt In der Kirche Sant'Andrea della Valle. Mittagszeit. ▪ Ein kurzes Vorspiel, dann fällt der Startschuss, und die Handlung kommt sofort auf Touren: Cesare Angelotti, Konsul der gescheiterten Römischen Republik, erreicht abgehetzt die

Kirche. Ihm ist soeben die Flucht aus seiner Zelle in der Engelsburg gelungen. Er findet den Schlüssel zur Kapelle der Familie Attavanti, den seine Schwester in der Kirche für ihn deponiert hat, und versteckt sich dort vor seinen Verfolgern. ▪ Der Mesner kommt herein, weil er Geräusche zu hören meinte, doch das Kirchenschiff ist leer. Der Maler Cavaradossi erscheint und wendet sich wieder seinem angefangenen Gemälde zu. Zu seinem Schrecken erkennt der Mesner, dass die hl. Magdalena die Züge jener Dame – es handelt sich um Angelottis Schwester, die Marchesa Attavanti – trägt, die in den letzten Tagen scheinbar zum täglichen Gebet in die Kirche gekommen war. *Recondita armonia – Geheimnisvolle Harmonie*: In seiner Arie macht sich Cavaradossi Gedanken über die erstaunliche Verbindung zwischen den blauen Augen jener Dame und den schwarzen seiner Geliebten Tosca. ▪ Angelotti gibt sich dem Freund zu erkennen und erzählt kurz seine Geschichte, als Tosca die Kirche betritt. Schnell versteckt sich Angelotti erneut in der Kapelle, Cavaradossi gibt dem Halbverhungerten seinen Proviantkorb mit. ▪ Tosca tritt auf, auch sie meint Geräusche gehört zu haben. Sie schwankt zwischen Eifersucht und der Hoffnung auf ein nächtliches Tête-à-tête mit Cavaradossi in dessen Villa, das sie voller Inbrunst beschreibt: *Non la sospiri la nostra casetta – Sehnst du dich nicht nach unserem Häuschen.* Cavaradossi versucht, sie mit Schmeicheleien abzuwimmeln, aber Toscas Eifersucht erhält neue Nahrung, als sie das Bild mit den Zügen der Marchesa Attavanti entdeckt. Sie verlässt ihn mit einer eindringlichen Bitte: »Ma falle gli occhi neri!« – »Aber mal' ihr schwarze Augen!« ▪ Cavaradossi bietet Angelotti Hilfe an und stellt ihm seine Villa als Versteck zur Verfügung, als ein Kanonenschuss die Entdeckung der Flucht Angelottis verkündet. Beide verlassen überstürzt die Kirche. ▪ Der Mesner kehrt freudestrahlend zurück: Napoleon ist von den Österreichern bei Marengo geschlagen worden, in der Kirche soll ein Tedeum gefeiert werden, und abends wird Tosca im Palazzo Farnese vor Königin Maria Carolina von Neapel eine Festkantate singen. Die Chorsänger stimmen in den allgemeinen Jubel ein, der durch Scarpias Eintreten abrupt unterbunden wird: *Un tal baccano in chiesa – Ein solcher Aufruhr in der Kirche!* ▪ Sofort beginnt die Suche nach dem geflohenen Angelotti, aber in der Kapelle finden sich nur der leere Proviantkorb – und ein Fächer mit dem Wappen der Marchesa Attavanti. Der Mesner gibt unterwürfig Auskunft über Cavaradossi, und Scarpia erkennt, wie er die Angelegenheit vorantreiben muss. Als Tosca noch einmal zurückkehrt, schmeichelt er ihr, versteht es aber ebenso geschickt, mit Hinweis auf den gefundenen Fächer ihre rasende Eifersucht zu entfachen. Auf der Stelle will sie Cavaradossi nach, um ihn in flagranti zu ertappen. Sie stürzt aus der Kirche, Scarpia schickt ihr seine Spitzel hinterher. Dann kann er sich ganz der Feier des Tedeums – in Anwesenheit des Kardinals – widmen; zugleich malt er sich eine heiße Liebesstunde mit Tosca aus: »Tosca, mi fai dimenticare Iddio!« – »Tosca, du lässt mich Gott vergessen!«

2. Akt Palazzo Farnese. Scarpias Zimmer im oberen Stock. Später Abend. ▪ Scarpia spinnt weiter seine perfiden Gedanken aus: Tosca in seinen Armen, Mario Cavaradossi am Galgen. Mit ihm als Geisel will er sie zwingen, sich ihm hinzugeben: »Ha più forte sapore la conquista violenta che il mellifluo consenso.« – »Sie hat einen kräftigeren Geschmack, die gewaltsame Eroberung, als die honigsüße Hingabe.« ▪ Der Polizeiagent Spoletta berichtet, dass man Angelotti nicht in der Villa habe finden können, Cavaradossi aber kenne das Versteck ganz bestimmt. Der Maler wird hereingeführt und verhört, während von unten der Gesang Floria Toscas auf dem Fest heraufklingt. ▪ Cavaradossi bleibt standhaft und leugnet jede Mitwisserschaft; wütend übergibt ihn Scarpia den Folterknechten. ▪ Als Tosca erscheint, beginnt Scarpia, die Daumenschrauben immer kräftiger anzuziehen: hier eine Warnung an Tosca, dort eine Drohung gegen Cavaradossi, der unter der Folter in Schmerzensschreie ausbricht. Tosca fleht um Gnade, sie schreit Scarpia an, doch der befiehlt seinen Handlangern, mit der Folterung fortzufahren, bis Tosca, getrieben von Mitleid und Entsetzen, schließlich das Versteck preisgibt. ▪ Sofort stoppt Scarpia die Tortur, der halbtote Cavaradossi wird hereingeführt und wendet sich angeekelt von Tosca ab, weil sie ihn verraten habe. ▪ Und wieder schlägt die Situation um: Eine Bote stürzt herein und berichtet, dass Napoleon doch bei Marengo gesiegt habe. Cavaradossi bricht in Siegesjubel aus (»Vittoria! Vittoria!«). Sarkastisch lächelnd lässt ihn Scarpia abführen, um sich nun abermals mit jovialer Miene Tosca zuzuwenden: *La povera mia cena fu interrotta – Meine bescheidene Mahlzeit wurde unterbrochen.* Galant lädt er sie ein, mit ihm anzustoßen, doch Tosca weist ihn verächtlich zurück: »Quanto? Il prezzo?« – »Wieviel? Der Preis?« ▪ Scarpia setzt ihr seinen Deal auseinander: Getrieben von glühender Leidenschaft für sie, müsse er sie besitzen; auf diese Weise könne sie ihren Geliebten Mario retten. Ihr Hass und ihre Abscheu spornen ihn immer mehr an – als man aus der Ferne die Trommeln für die Delinquenten vernimmt, hält Tosca verzweifelt inne und versucht, sich in ihrer berühmten Arie Rechenschaft über ihr Leben zu geben: *Vissi d'arte, vissi d'amore – Ich lebte für die Kunst, ich lebte für die Liebe …* »perchè, perchè Signor, perchè me ne rimuneri così?« – »warum, warum, o Herr, warum belohnst du mich so?« ▪ Scarpia drängt auf ihre Entscheidung: ein kurzer Augenblick der Hingabe für das Leben Marios. Spoletta berichtet von den Vorbereitungen zu dessen Erschießung, Tosca signalisiert mit letzter Kraft ihr Einlenken. Eine sofortige Freilassung sei nicht möglich, doch Scarpia sagt zu, die Erschießung in eine simulierte Erschießung umzuwandeln – »wie beim Grafen Palmieri«. Spoletta verschwindet, und Tosca versucht, den entscheidenden Moment immer weiter hinauszuzögern, indem sie noch ein Schreiben über freies Geleit für sich und Cavaradossi fordert. Während der Polizeichef an seinem Schreibtisch das gewünschte Dokument ausstellt, entdeckt Tosca auf dem Esstisch ein spitzes Messer. Als Scarpia sie an sich ziehen will, stößt sie ihm das Messer in die Brust. Er ruft vergeblich um Hilfe und verröchelt; hasserfüllt beobachtet Tosca ihn: »Muori dannato! Muori! Muori! Muori!« – »Stirb verdammt! Stirb! Stirb! Stirb!« ▪ Während in der Musik die Hochspannung langsam wieder abflaut, kommt auch Tosca zur Besinnung. Nachdem sie den Geleitbrief in der Hand des Toten entdeckt hat, verabschiedet sie sich mit einer eindrucksvollen Pantomime: Sie entzündet zwei Kerzen, die sie zu beiden Seiten des Toten aufstellt. Dann nimmt sie ein Kruzifix von der Wand und legt es ihm auf die Brust, bevor sie sich mit größter Vorsicht erhebt und den Raum verlässt.

3. Akt Die Plattform der Engelsburg. Im Hintergrund der Vatikan und St. Peter. ▪ Ein langes Vorspiel »malt« die Stimmung des frühen Morgens, die Stille vor der einsetzenden Dämmerung. Man hört Herdenglocken, ein Hirte singt eine melancholische Weise. ▪ Cavaradossi wird aus seiner Zelle heraufgebracht, der Schließer fragt

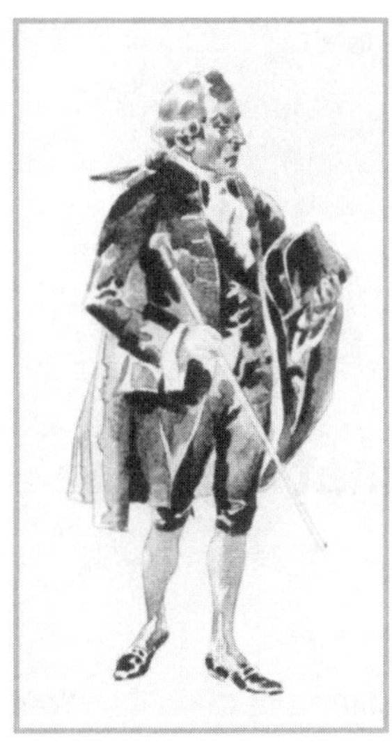
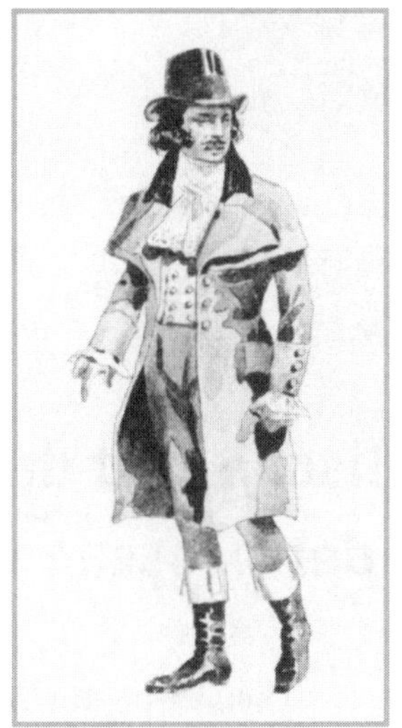
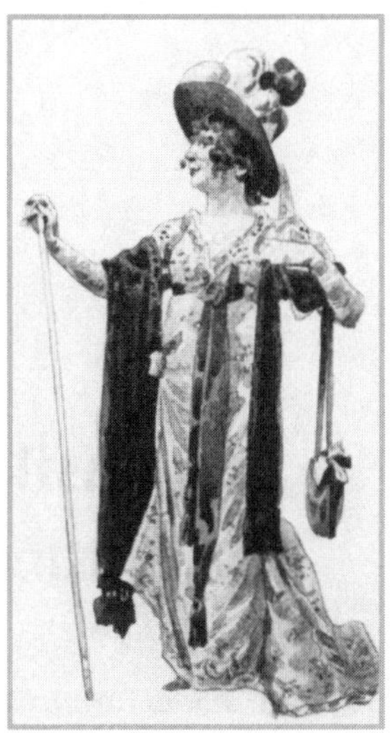

ihn nach seinem letzten Willen. Cavaradossi bittet ihn, einen Ring und einen Brief »an einen lieben Menschen« weiterzugeben. Von Gefühlen überwältigt, lässt er die Begegnungen mit Tosca noch einmal vorüberziehen: *E lucevan le stelle, e olezzava la terra – Und es blitzten die Sterne, und es duftete die Erde.* Die Wehmut weicht der Verzweiflung: »E muoio disperato! E non ho amato mai tanto la vita!« – »Und ich sterbe verzweifelt! Und ich habe doch das Leben nie so sehr geliebt!« ▪ Tosca wird von Spoletta heraufgeführt und liest dem Überraschten den Geleitbrief vor, außerdem berichtet sie ihm mit theatralischen Worten von ihrem nächtlichen Horrortrip: *Il tuo sangue o il mio amore volea – Dein Blut oder meine Liebe wollte er.* ▪ Cavaradossi singt ein Loblied auf diese zupackenden und doch so süßen und sanften Hände: *O dolci mani mansuete e pure.* Tosca berichtet kurz von ihren Plänen und weiht ihn in die simulierte Erschießung ein. In einem Liebesduett besingen beide die Wonnen des Daseins nach der überwundenen Todesangst: *Amaro sol per te m'era il morire – Nur deinetwegen war der Tod bitter für mich.* ▪ Noch einmal ermahnt Tosca den Geliebten, sich richtig zu verhalten und gut zu schauspielern – dann nähert sich eine Abteilung Soldaten, die Glocke schlägt die vierte Morgenstunde, die Soldaten legen an, Cavaradossi fällt sofort zu Boden. Spoletta deckt ihn mit einem Mantel zu, während Tosca mit steigender Erregung das Geschehen verfolgt. Erst als die Soldaten tatsächlich wieder hinabgestiegen sind und keine Gefahr mehr droht, eilt sie zu ihrem Geliebten – und erkennt voll Entsetzen, dass er tatsächlich tot ist. ▪ Es bleibt jedoch kein Moment der Besinnung: Auf der Treppe taucht Spoletta auf, um sie für die Ermordung Scarpias verhaften zu lassen. Doch Tosca stößt ihn zurück und eilt zur Mauerbrüstung. »O Scarpia, avanti a Dio!« – »O Scarpia, wir sehen uns vor Gott!« sind ihre letzten Worte, bevor sie von der Brüstung in den Tod springt.

Die Figurinen Adolf Hohensteins entstanden im »Tosca«-Uraufführungsjahr 1900 und zeigen (v.l.n.r.): Scarpia, Cavaradossi und Tosca.

Die musikalische und dramaturgische Gestaltung der »Tosca«

Giacomo Puccinis *Tosca* ist keine Oper für Träumer und Genießer. Wer ihr folgen will, muss hellwach sein und blitzschnell auf die ständigen szenischen Überraschungen reagieren können. Der Münchner Musikwissenschaftler Attila Csampai hat in seinem klugen *Tosca*-Essay von dem Moment der »Störung« gesprochen, das diese Oper wie keine andere beherrsche. Kaum einmal wird eine Aktion wirklich zu Ende gebracht, weil schon die nächste unerwartet hineinplatzt. Der 1. Akt ist das allerbeste Beispiel dafür: Erst stürzt Angelotti herein, dann der Sakristan, danach kehrt Cavaradossi zurück, als überraschend Tosca auftaucht. Cavaradossi versucht, sie schnell wieder loszuwerden, und kaum haben er und Angelotti fluchtartig die Kirche verlassen, stoppt das Eintreffen Scarpias den ausbrechenden Jubel, doch dessen Untersuchungen werden von Toscas erneuter Rückkehr gestört …

Dementsprechend ist Puccinis Musik: kleinteilig, nervös, dem Geschehen seismografisch folgend. Der Amerikaner George R. Marek schildert die Gründe dafür in seiner Puccini-Biografie von 1952 folgendermaßen: »Wenn er [Puccini] arbeitete, sah er die ganze Szene vor sich, bis zum kleinsten Detail, die Personen in ihrer genauen Position auf der Bühne, wie sie blickten und welche Gesten sie machten.« Marek bezieht sich dabei auf Aussagen des Puccini-Freundes Riccardo Schnabl, wonach der Komponist immer, wenn er mit ihm über die Oper sprach, auf die Aktion auf der Bühne verwiesen habe: »In diesem Moment kommt Cavaradossi herein, geht zur linken Mitte, hebt seine Hand zum Gesicht …« Genauso wirkt die Musik: gestisch in jeder Situation, die Emotionen nachzeichnend, welche die Personen im Allgemeinen und die Situationen im Besonderen prägen – Angst und Verzweiflung, Verliebtheit und Eifersucht, Schmeichelei, Arroganz oder

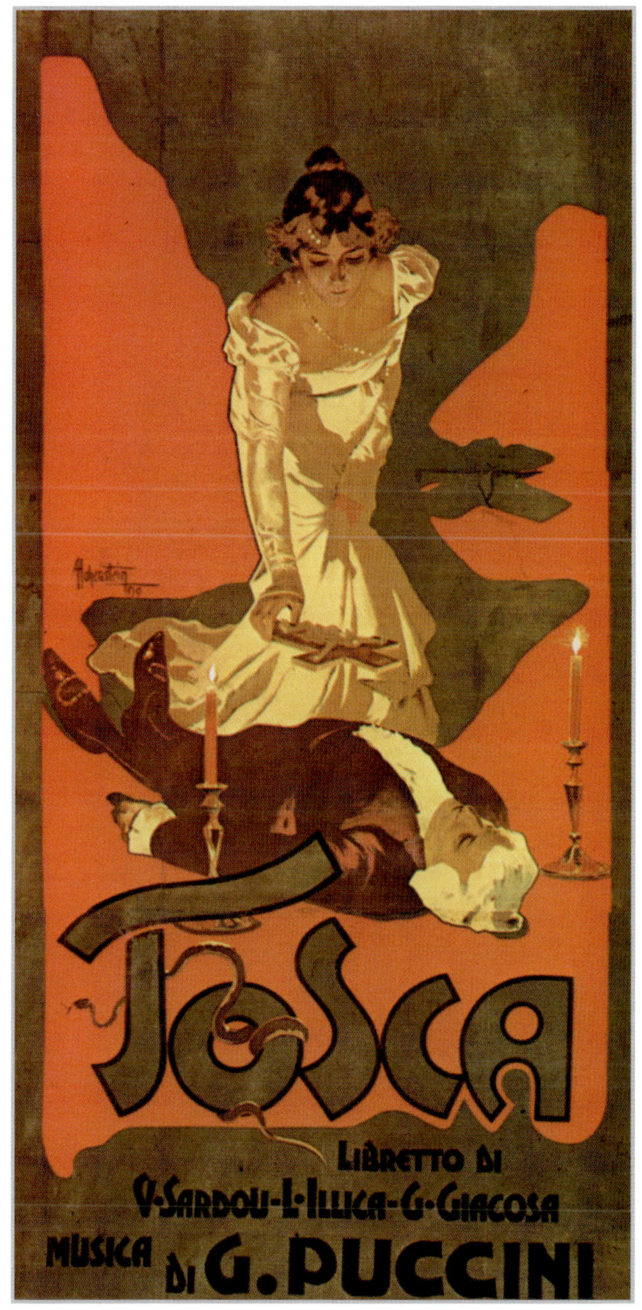

Dem erstochenen Scarpia legt Tosca noch ein Kruzifix auf die Brust: Der Deutsche Adolf Hohenstein schuf außer den Bühnenbildern der Uraufführung auch das berühmte »Tosca«-Plakat.

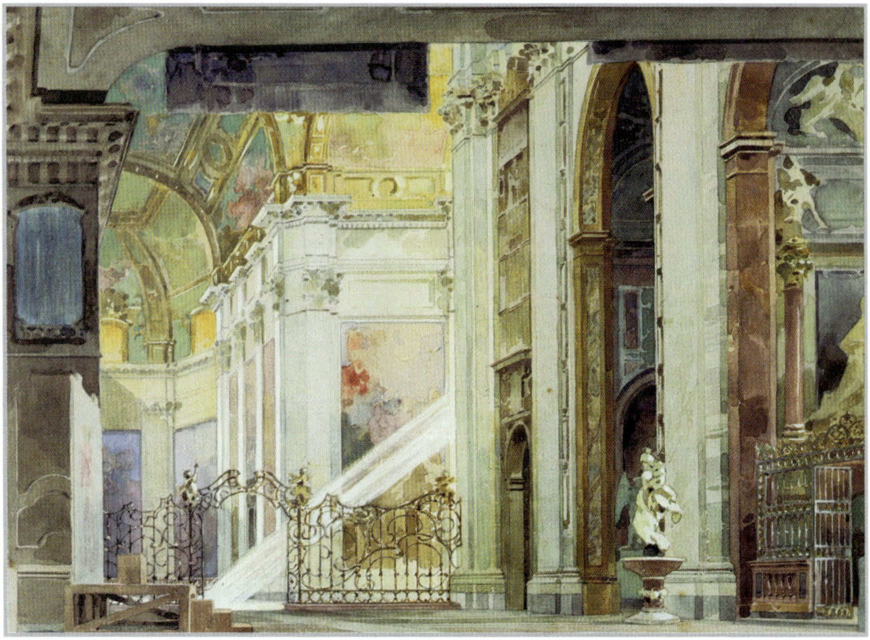

Adolf Hohensteins Entwürfe für die Bühnenbilder lehnen sich eng an die reale Vorlage an: oben die Theatinerkirche Sant'Andrea della Valle, Schauplatz des 1. Aktes, und unten die obere Plattform der Engelsburg mit Blick auf St. Peter, Schauplatz des 3. Aktes.

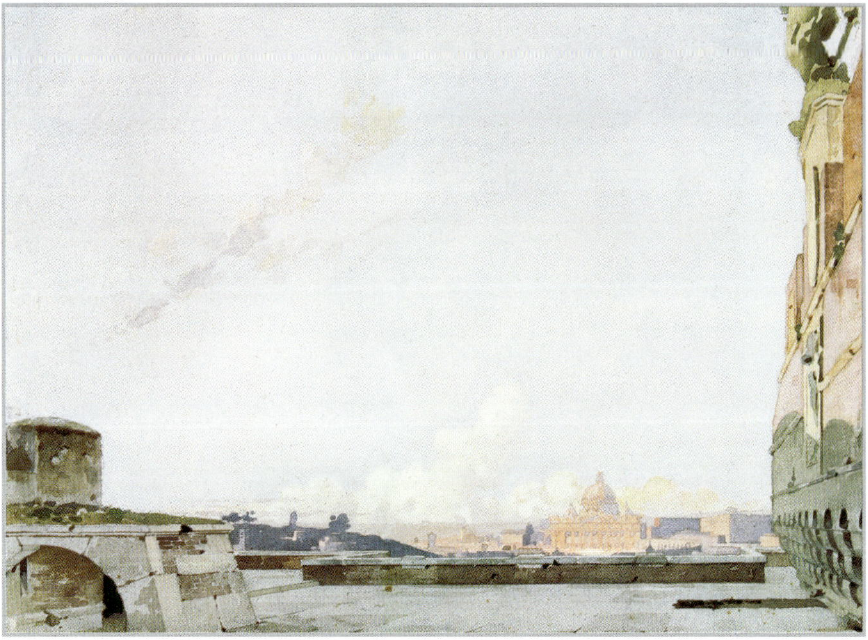

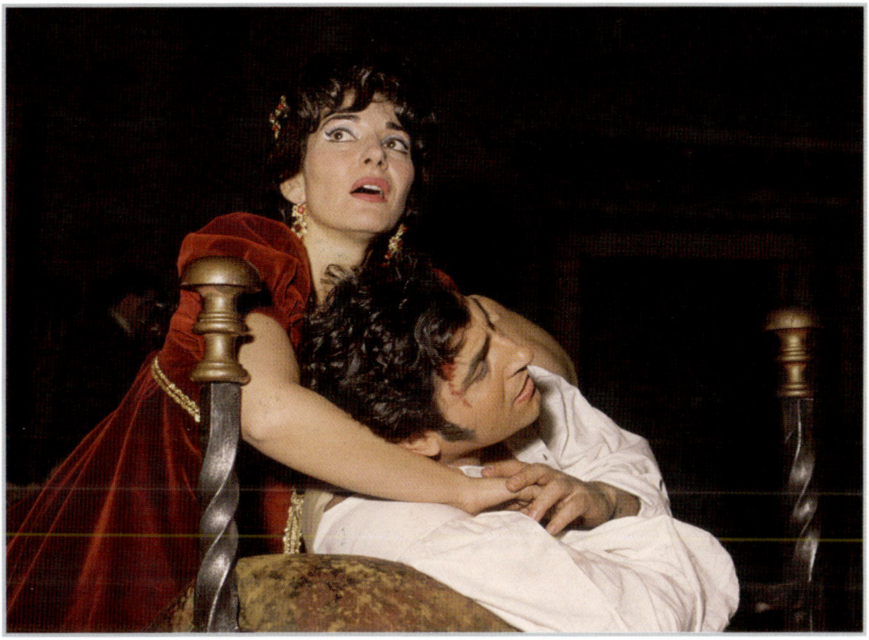

Zwei berühmte »Tosca«-Interpreten in den beiden berühmten Zeffirelli-Inszenierungen: Maria Callas (oben, mit Renato Cioni) 1964 in der Londoner Produktion, Luciano Pavarotti als Cavaradossi (unten) in den 1980er-Jahren an der Met in New York.

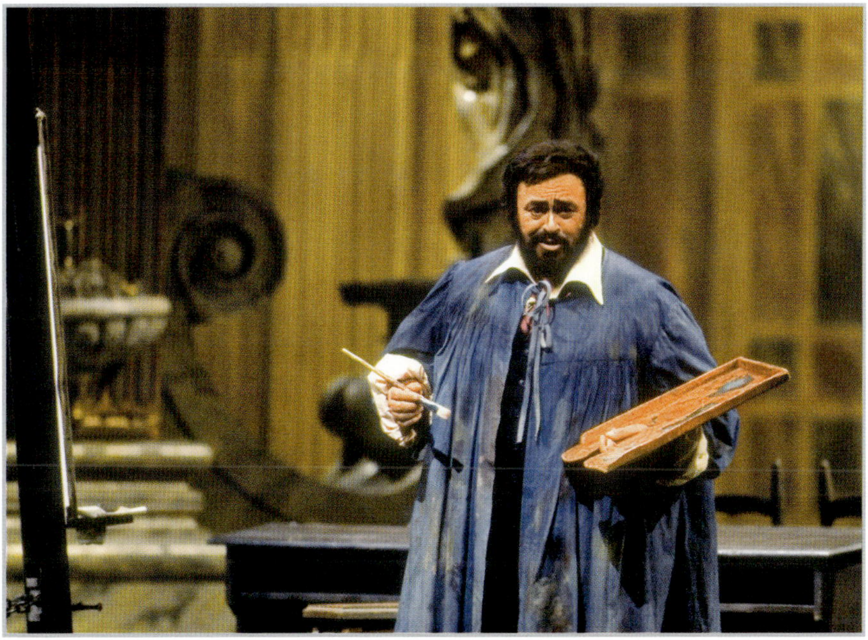

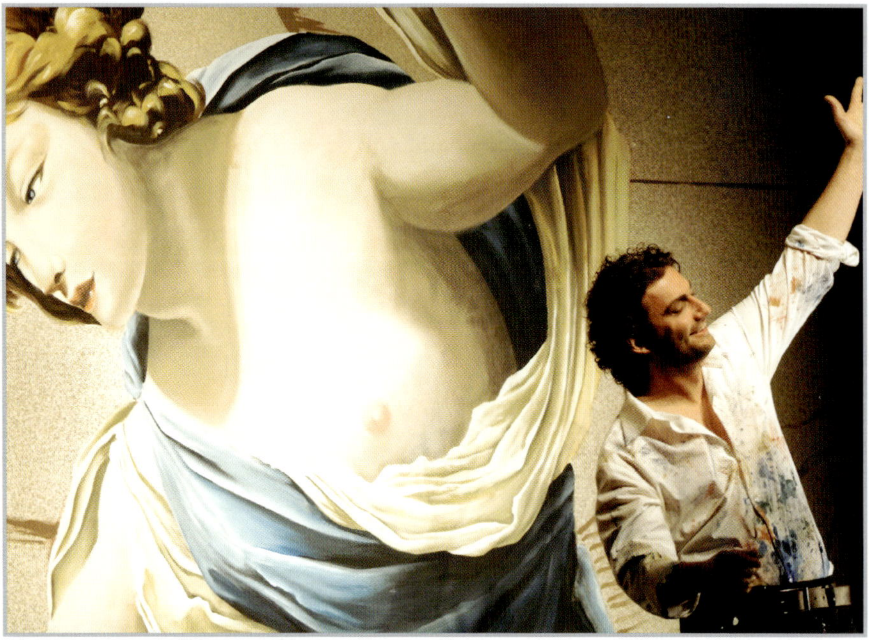

Ein Cavaradossi aus dem Bilderbuch: Jonas Kaufmann 2009 in Robert Carsens Inszenierung in Zürich (oben). Suggestiv in ihrer Bildersprache Nikolaus Lehnhoffs »Tosca«-Version aus Amsterdam (1998) und Baden-Baden (2007) mit (v.l.) Tom Fox, Catherine Naglestad und Aleksandrs Antonenko.

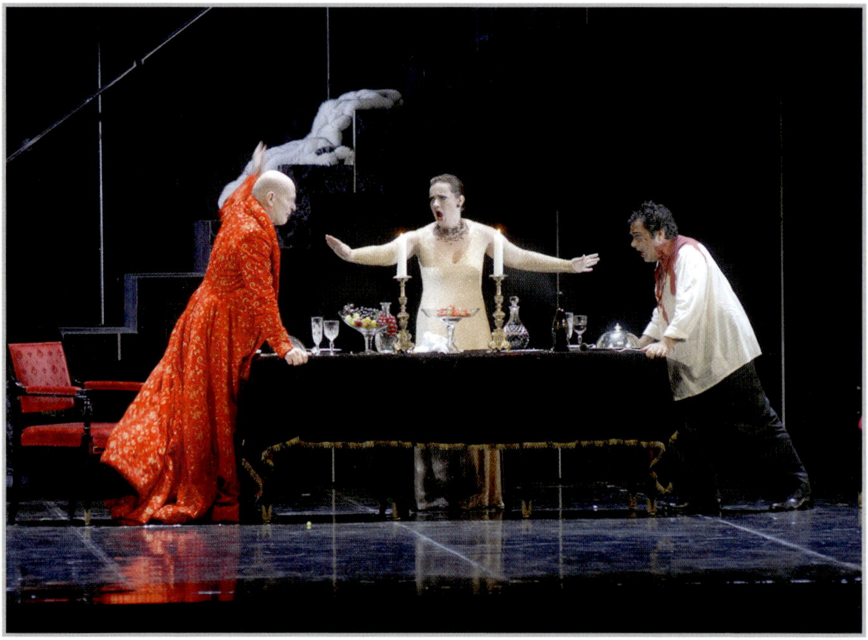

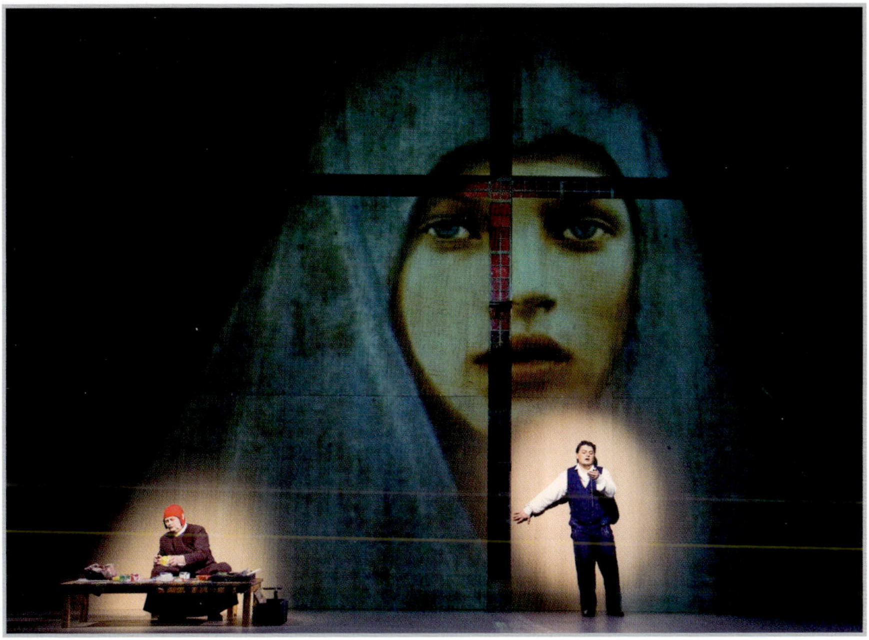

Andreas Kriegenburgs Frankfurter Inszenierung (mit Franz Mayer als Mesner und Aleksandrs Antonenko als Cavaradossi) deutete 2011 den Kirchenraum nur an (oben). Üppiger das Tedeum des 1. Aktes in Johannes Schaafs Dresdner Inszenierung von 2009 (unten).

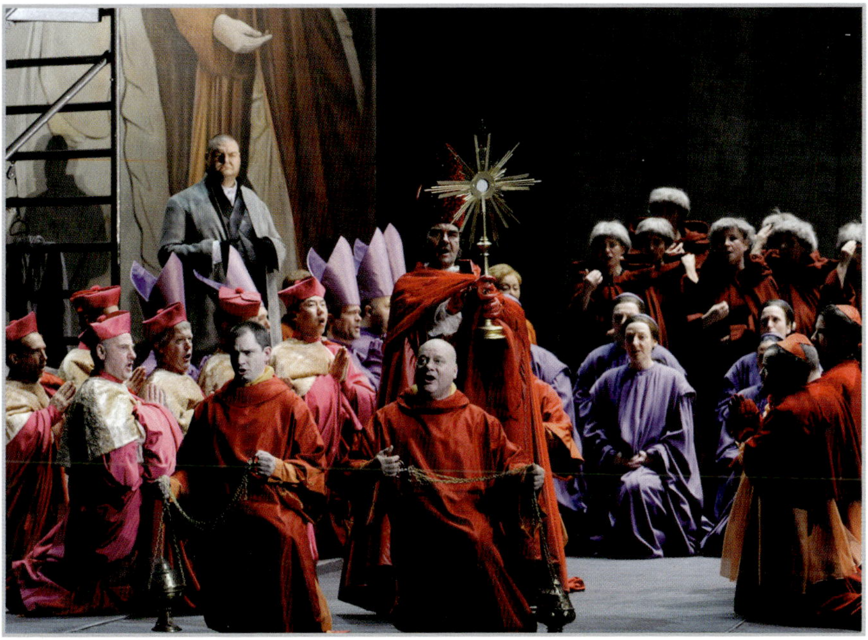

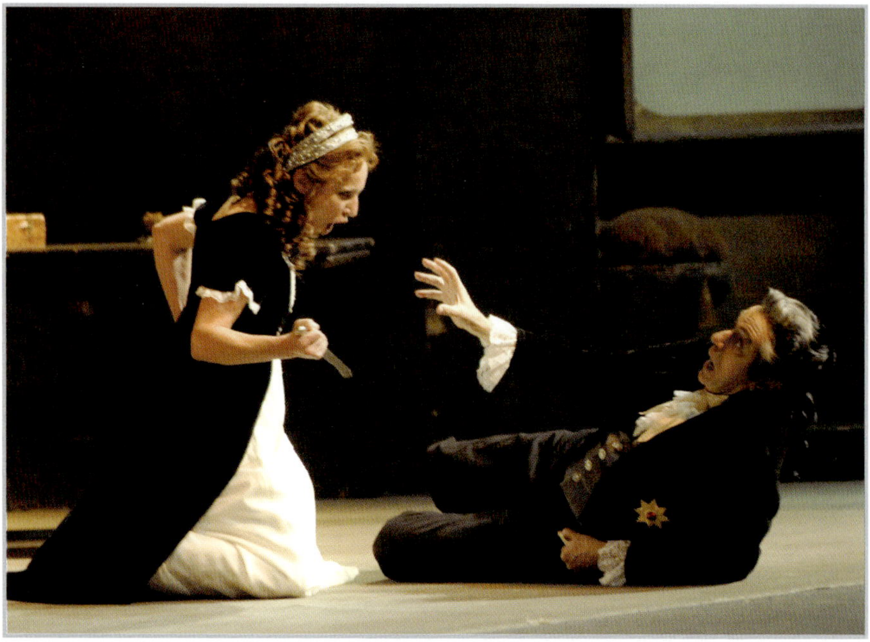

Die Schlüsselszene des 2. Aktes: Tosca ersticht Scarpia (hier Nadja Michael als Tosca mit Ruggero Raimondi an der Deutschen Oper Berlin, oben). Die Szenerie im Palazzo Farnese in Margarethe Wallmanns Uralt-Inszenierung von 1958, die noch heute an der Wiener Staatsoper gespielt wird.

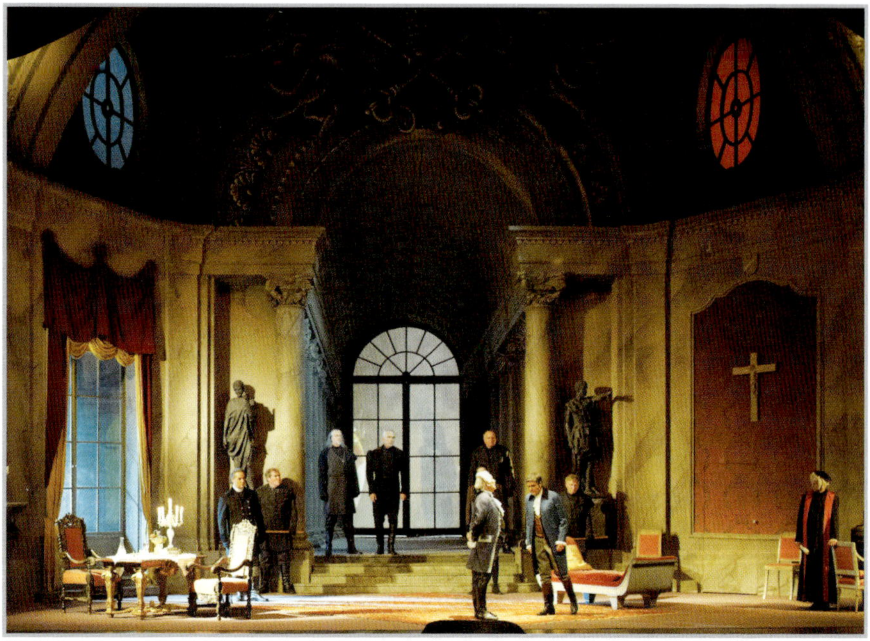

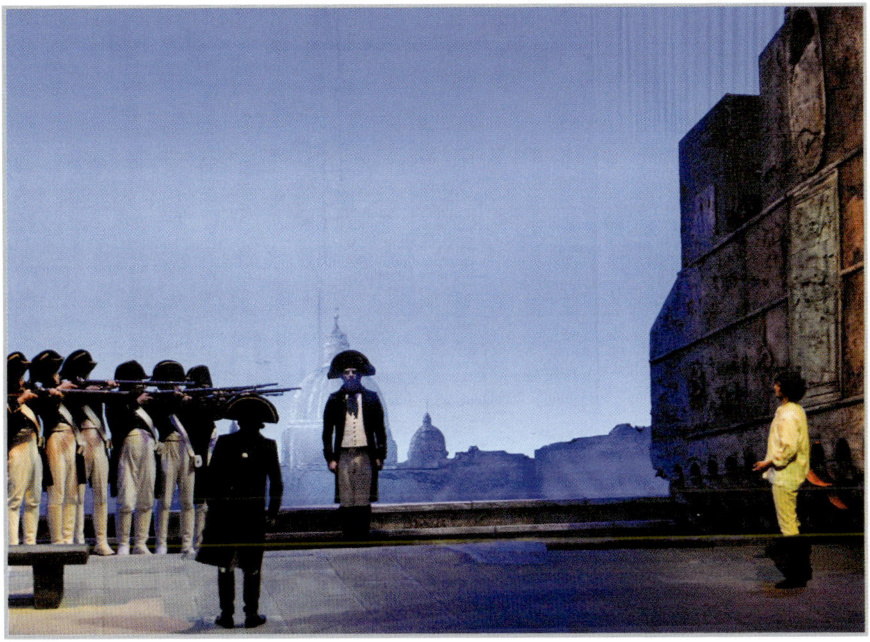

Der 3. Akt gestern und heute: Frei nach Hohenstein entwarf Filippo Sanjust die Bühnenbilder für die Inszenierung der Deutschen Oper Berlin von 1969 (oben), während Philipp Kochheim 2006 in Darmstadt (mit Zurab Zurabishvili als Cavaradossi) die »Tosca« konsequent in die Gegenwart versetzte.

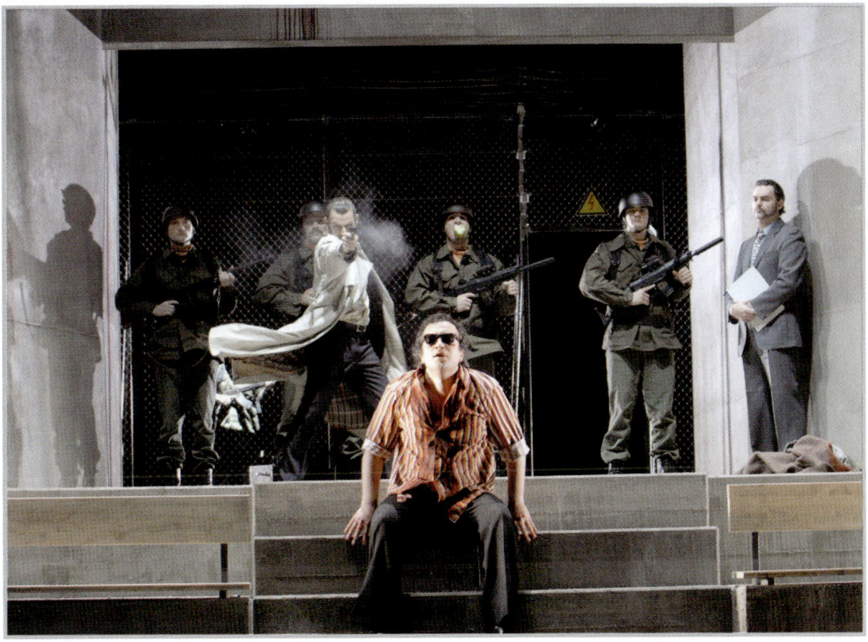

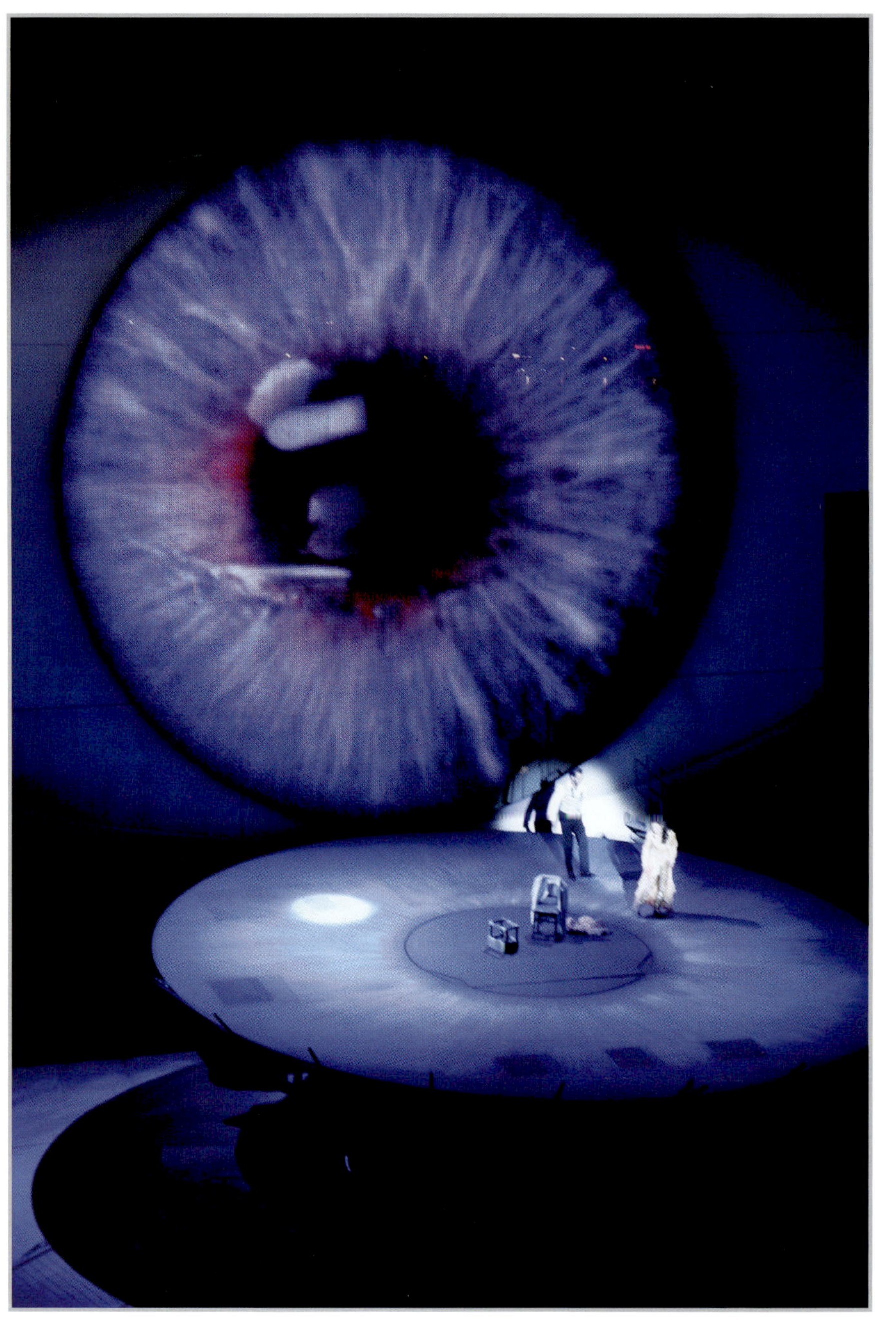

»Tosca« 2007 bei den Bregenzer Seefestspielen: Johannes Leiackers suggestives Bühnenbild diente auch als Kulisse für Szenen des Films »James Bond 007: Ein Quantum Trost«.

Selbstvergessenheit. Kein philosophisch überhöhtes Gedankentheater, sondern Menschlich-Allzumenschliches.

1. Akt: Das Netz der Verstrickungen wird geknüpft

Die Oper beginnt – grandios! Mit fünf Akkorden, die völlig unverwechselbar sind und die lebensbedrohliche Grundstimmung der *Tosca* in wenigen Sekunden vorgeben. Im dreifachen Forte, *robustissimo*, von Blechbläsern getragen.

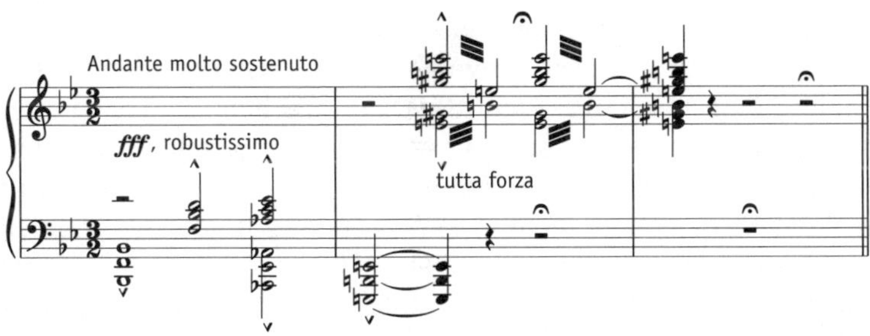

Über die Kühnheit dieses Einstiegs, dem wohl nur das schwüle Klarinetten-Solo in der fast gleichaltrigen *Salome* von Richard Strauss gleichkommt, ist viel Bewunderndes geschrieben worden. Fünf Akkorde, drei nur über die absteigende Ganztonleiter miteinander verbundene Tonarten (B-Dur, As-Dur und E-Dur), die blockartig nebeneinander gestellt werden. Keine Melodie, sondern ein musikalisches Ausrufezeichen vorweg. Und ein Beweis, dass Puccini, an der Schwelle des 20. Jahrhunderts, durchaus ahnte, wohin die harmonische Reise gehen würde, auch wenn er selbst erst 20 Jahre später, mit seiner *Turandot*, diesen Weg beschreiten sollte.

Doch dieses herrische Motiv, das ganz eindeutig dem Polizeichef Scarpia und dessen Terrorregiment zugeordnet ist, bleibt erst einmal für sich stehen – ohne Kommentar. Ihm folgt eine Generalpause, dann springt die Oper kopfüber in die Handlung, mit einem in chromatischen Synkopen erdrutschartig herabstürzenden Fortissimo, das die Ankunft des flüchtigen Angelotti ankündigt.

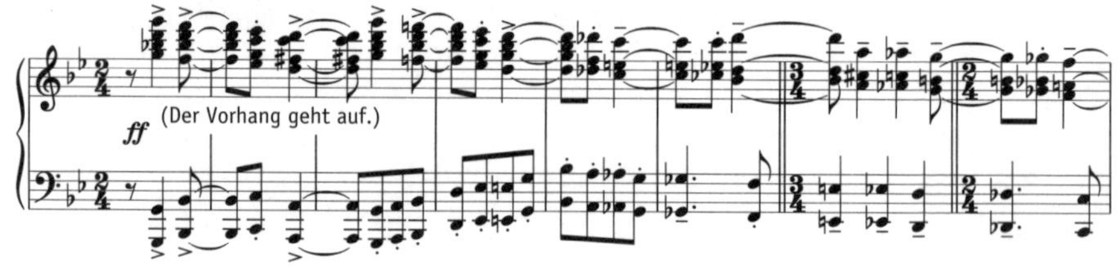

Dieser stürmt in die Kirche und sucht fieberhaft nach dem Schlüssel, den seine Schwester für ihn versteckt hat, findet ihn schließlich und verbirgt sich in der Familienkapelle.

Erneuter Stimmungsumschwung: Der Sakristan kommt herein, die einzige komisch gefärbte Figur der Oper, und komisch nach bester Opera-buffa-Tradition klingt auch die Musik: ein hüpfender 6/8-Takt mit kecken Holzbläsern, leichtgewichtig und ein bisschen zeremoniös. Er ist verwundert, den Maler nicht wie erwartet vorzufinden; das Läuten der Angelus-Glocke reißt ihn aus seinen Gedanken. Sein kurzes Gebet harmonisiert Puccini geschickt um das eintönige *f* von Kirchenglocke und psalmodierender Singstimme herum. Cavaradossis überraschender Auftritt stört den Sakristan in seinem Gebet, und die musikalische Aufmerksamkeit wird sofort auf das eigentliche Thema gelenkt: Marios Leidenschaft für die Frauen – ob nun Tosca oder jene Schöne, die er gerade auf seinem Gemälde verewigt hat. Hier wird das Sehnsuchtsmotiv (eine eingängige, erst ab- und dann wieder aufsteigende Tonfolge) zum ersten Mal vom Orchester vorgestellt. Und es ist nicht das letzte Mal! Immer wieder wird die Sehnsucht von Puccini ein aus diesem Motiv abgeleitetes musikalisches Gesicht bekommen.

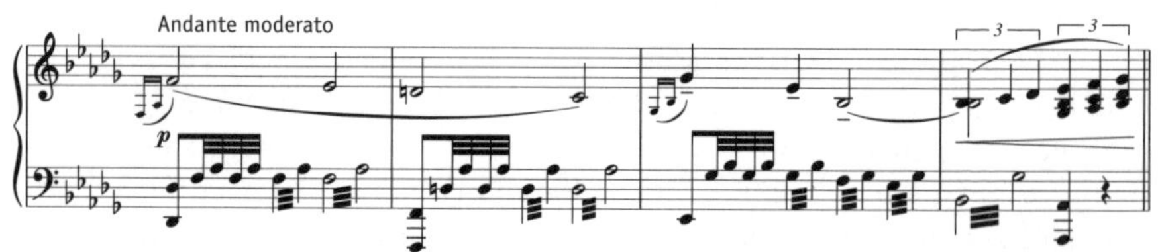

Über dem hüpfenden Motiv des Sakristans entspinnt sich ein Dialog, der die Herkunft jener Dame ergründen soll, die nichtsahnend Modell für die Augen der Maria Magdalena gestanden hat. Cavaradossi kommt ins Träumen, bei ihm vermischen sich die Augen der schönen

Steckbrief: Angelotti

Wer den Angelotti singt, hat mehrere Vorteile, auch wenn die Rolle nur verhältnismäßig klein ist: Er muss nicht lange warten, sondern ist gleich zu Anfang an der Reihe. Er hat die ganze Aufmerksamkeit für sich, wenn der Vorhang nach den fünf Eröffnungsakkorden hochgeht und den Blick auf den leeren Kirchenraum von Sant'Andrea della Valle freigibt. Und er kann früh in den Feierabend gehen, nach dem Ende des 1. Aktes und der Applauszeremonie.

Stimmlich muss Angelotti dem düsteren Anfang Gewicht geben, sein Bass sollte kräftig genug sein, um dem abgesetzten Konsul der Römischen Republik – so sein früherer Titel – die nötige Autorität zu verleihen. Musikalisch wiederum sind es verschiedene Facetten, die sich zum Rollenprofil zusammenfügen: Zu Beginn ist er noch der Gehetzte, der gerade die rettende Kirche erreicht hat, dann gewinnt er neue Zuversicht, und sein kämpferischer Geist kehrt zurück. Wohlgemerkt: Puccini konnte mit Bässen nur wenig anfangen. Angelotti ist eine der wenigen Partien, die er der tiefen Stimme zugedacht hat.

Frauen wie die Farben auf der Palette, und er versucht eine Ordnung hineinzubringen. *Recondita armonia – Reizvolle Harmonie* sind die Zauberworte jener berühmten Kanzone, mit der Puccini dem Tenor eine äußerst dankbare Visitenkarte komponiert hat. Das ist Oper vom Feinsten: mit dem durch Quint-Quart-Klänge leicht exotisch anmutenden Vorspiel, mit der fließenden Verbindung aus Deklamation und Melodie, mit den elegischen Aufschwüngen, die vom Orchester getragen werden, und natürlich mit einem effektvollen Abschluss, den der Tenor nach Gutdünken und Geschmack aushalten darf. Dass dazwischen der Sakristan seine Kommentare brummelt, zeigt, wie wichtig es Puccini andererseits war, diese Solonummer in die Szene einzubinden – das Publikum hält sich aber selten an diese Applaus-Vermeidungstaktik.

Der Dialog wird kurz wieder aufgenommen, dann verschwindet der Sakristan. Das Fluchtmotiv Angelottis verrät den Fortgang der Handlung: Cavaradossi erkennt in dem Ankömmling den alten Freund und bietet ihm generös seine Hilfe an, plötzlich hört man von hinten dreimal Toscas Ruf nach Mario. Noch immer beherrscht das komödiantische Hüpfmotiv musikalisch die Situation, doch es wird überdeckt von ernsten Tönen. Der ausgehungerte Angelotti erhält den Proviantkorb Cavaradossis und kann sich gerade noch verstecken, bevor Tosca auf der Bildfläche erscheint. Die ersten Szenenanweisungen machen sie nicht gerade sympathisch: »Tosca tritt mit einer gewissen Heftigkeit ein und schaut sich argwöhnisch um«; *stizzita* (»gereizt«) sollen ihre Mario-Rufe klingen. Voller Eifersucht wittert sie eine Rivalin, während Mario sie (gemeinsam mit dem Orchester) in aller erdenklichen Süße umschmeichelt. Die Solo-Flöte gesellt sich zum Solo-Cello, die Begleitung von Harfe und Celesta tröpfelt wie Honig, um gut' Wetter bei ihr zu machen. Feine Analysen wie die des Puccini-Forschers Marco Grondona entdeckten darin bereits das Material für Toscas berühmtes *Vissi d'arte* im 2. Akt. Puccini lässt hier die Emotionen kurz, aber heftig aufrauschen – in einer eigentümlichen Mischung aus Liebesekstase und Keuschheit im Angesicht der Madonna.

Nun erst erfährt man, warum Tosca überhaupt in die Kirche gekommen ist. Sie teilt dem Geliebten mit, dass sie am Abend in einem Konzert der Königin anlässlich des Sieges über Napoleon zu singen habe. »Ma è spettacolo breve« – »Es ist nur eine kurze Vorstellung«, so könnten sie anschließend gemeinsam zu seiner Landvilla fahren, um dort eine Liebesnacht zu verbringen. In dem Arioso *Non la sospiri la nostra casetta – Sehnst du dich nicht nach unserem Häuschen* zeigt sich die andere Seite dieser Frau, voller Charme und Sinnlichkeit, mit Gespür für die Poesie der Natur, welche die eigenen Gefühle widerspiegelt. All das beschreibt sie Cavaradossi mit immer stärkerer Emphase, und mitgerissen von diesem Sog stimmt er in die Hymne ein: »Ah! M'avvinci nei tuoi lacci mia sirena!« – »Ah, du fängst mich in deinen Schlingen, du Sirene!« Dies ist, dramaturgisch gesehen, der einzige unbeschwert-glückliche Moment der ganzen Oper, doch wo Puccini in *La Bohème* – und danach in *Madama Butterfly* – diese Momente zu einem großen Liebesduett ausdehnt, fasst er sich in der *Tosca* auffällig knapp, lässt sich nicht aus der Reserve locken. Bei aller Kritik, die er dafür einstecken musste: Puccini wird genau analysiert haben, dass diese Liebe durch die Umstände stärker gefährdet ist, als es den beiden zu diesem Zeitpunkt der Handlung klar ist.

Zumindest Cavaradossi hat jedoch die politische Situation im Hinterkopf. Er weiß um Angelottis gefährliche Lage und bricht das Duett abrupt ab: Er müsse nun weiterarbeiten. Leicht beleidigt fügt sich Tosca, und fast schon im Abgehen fällt ihr Blick auf das frisch gemalte Magdalena-Bild. Unschwer erkennt sie das Modell und dessen Augen: die Gräfin Attavanti! Sofort schaltet sie auf Angriff um, häuft Vorwürfe auf Anklagen. Doch mit einem emphatischen Hymnus auf ihre schwar-

Steckbrief: Cavaradossi

Welche Rolle spielt der Maler Cavaradossi in der *Tosca*? Ganz eindeutig lässt sich diese Frage nicht beantworten. »Das Hauptparadox besteht darin«, so schrieb der Dirigent und Komponist René Leibowitz (1913–1972), »daß Cavaradossi, dessen Rolle zuerst die wichtigste zu sein scheint (und dessen szenische Anwesenheit konstanter als die der beiden anderen Hauptpersonen ist), am Ende wie der einfachste der drei erscheint. In der Tat ist diese Rolle vom psychologischen und rein dramatischen Standpunkt aus die eines Mannes ›aus einem Guß‹, der zwar zu großem Mut fähig ist, doch keinen wirklichen tiefen seelischen Schmerz kennt und sich am Ende als einfaches Opfer seines Mutes und seiner Integrität sowie der Machenschaften seines Gegners herausstellt.«

In der Tat: Cavaradossi ist ein absoluter Sympathieträger. Er hilft spontan dem entflohenen Angelotti, er erträgt die eifersüchtigen Launen seiner Freundin und wächst über sich hinaus, wenn er sein Leben für die Sache der Freiheit opfert. Leibowitz meint sogar, die Figur werde vom Orchester so reichhaltig beschenkt, »als ob Puccini sich vollständig mit dieser Person identifiziert hat, die nebenbei bemerkt bestimmte Charaktereigenschaften des Komponisten aufweist«. Künstler plus Liebhaber der Frauen: In dieser Doppelfunktion erhält Cavaradossi als Einziger der drei Protagonisten auch zwei dankbare Solo-Auftritte, *Recondita armonia* im 1. Akt und *E lucevan le stelle* im 3. Akt, außerdem die triumphalen Siegesrufe (»Vittoria! Vittoria!«) im Mittelakt.

Andererseits ist dieser Künstler, wie Attila Csampai zu Recht bemerkt hat, nicht nur der emotionale »Bauch-Mensch«, der extrovertierte Liebhaber und Freiheitskämpfer, sondern auch ein reflektierender Kopf, der strategisch vorgeht und die Charakterschwächen seiner Tosca durchaus einzuschätzen weiß. Sein Eingeständnis am Ende der zweiten Arie »Muoio disperato« – »Ich sterbe verzweifelt« relativiert in starkem Maße die Siegerpose aus dem 2. Akt. Und Cavaradossi erlebt ein Wechselbad der Gefühle: Gerade noch hat er dem Tod ins Auge geblickt, da schlägt die Todesfurcht in neue Lebenssehnsucht um. Das wiederum hat Konsequenzen für den Sänger der Rolle: Es bedarf nicht nur – wie leider allzu oft zu erleben – eines tenoralen Draufgängers, der mit seinen Spitzentönen brilliert, sondern eines klug differenzierenden Sängers. Insbesondere lyrisch geprägte Tenöre wie Giuseppe di Stefano, Carlo Bergonzi oder José Carreras, die das jugendliche Flair dieses Mannes unterstreichen, entsprechen dem Rollenprofil deutlich besser als ein Franco Corelli, Salvatore Licitra oder José Cura.

zen Augen – erneut das breit ausgespielte Sehnsuchtsmotiv – versucht Cavaradossi, ihr den Wind aus den Segeln zu nehmen, sie mit ihren eigenen Waffen der Leidenschaft zu besiegen. Hier verwendet der Komponist erstmals ausgiebig jenen instrumentatorischen Kniff, der auch als »Puccini-Sound« in die Musikgeschichte eingegangen ist (die Italiener sprechen meist von *sviolinata*): Dabei werden die Violinen parallel zur Singstimme geführt, ein Kunstgriff, dessen anrührende Wirkung der Zuhörer unmittelbar spürt. Allerdings ist Puccini klug genug, diesen Effekt nicht zu übertreiben, sondern durch den Wechsel mit deklamatorischen Abschnitten genau zu dosieren.

Bei so viel Emphase scheint Tosca schnell wieder versöhnt, die Rivalin vergessen, der einzige Einwand »Ma falle gli occhi neri!« – »Aber mal' ihr schwarze Augen!« wirkt wie ein Nachhall der Eifersucht, bevor eine letzte Woge der großen Gefühle über beide hinwegschwappt und sie ihre ungewöhnliche Mischung aus Liebe, Zorn und Eifersucht in höchsten Tönen preisen.

Im Abklingen dieser Welle lässt Puccini die beiden Pole in Toscas Wesen wie unter einem Brennspiegel aufeinanderprallen: Als sie Cavaradossi küssen will, er aber mit Hinweis auf das Bildnis der Madonna zögert, entschuldigt sich Tosca vor ihr: »È tanto buona!« – »Sie ist so gütig!« Dazu erklingt im Orchester das Sehnsuchtsmotiv im dreifachen Piano und *dolcissimo*. Sie küsst ihn, die Phrase im Orchester verklingt, und ohne Vorwarnung wiederholt sie, raffinierterweise einen halben Ton höher als beim ersten Mal, die bissige Ermahnung, die als Kampfansage an die vermeintliche Rivalin gemeint ist: »Aber mal' ihr schwarze Augen!« Dann stürzt sie aus der Kirche, und Cavaradossi kann sich wieder dem angstvoll ausharrenden Angelotti zuwenden.

Verständlicherweise verwendet Puccini erneut das hektisch-chromatische Motiv des Anfangs als Folie, um die Handlung per Dialog schnell voranzubringen: Angelotti erzählt kurz von der Flucht, von seiner Schwester, der Gräfin Attavanti, die hier in der Kirche Frauenkleider inklusive Schleier und Fächer für ihn deponiert habe … und das alles, um ihn dem verfluchten Scarpia zu entreißen! Unverändert wird das düstere Scarpia-Motiv angeschlagen, einmal im Forte, dann wie ein Echo im Pianissimo, dazu findet Puccini in der Singstimme genau den passenden psalmodierenden Einheitston – ein *gis* –, der zu den drei bekannten Akkorden in B-Dur, As-Dur und E-Dur in wechselnder Spannung steht. Ein harmonischer Einfall, der in seiner lakonischen Eindeutigkeit frappierende Wirkung erzielt! Und mit diesen Akkorden verwandelt sich der charmante Liebhaber Cavaradossi in den glühen-

Schauplatz 1. Akt: Sant'Andrea della Valle

Die Barockkirche mit der frisch gesäuberten Fassade, direkt am viel befahrenen Corso Vittorio Emanuele mitten in der Altstadt Roms gelegen, steht auf einem geschichtsträchtigen Grund: Der Legende nach wurde hier der Leichnam des von Pfeilen durchbohrten hl. Sebastian gefunden. Später errichtete die Familie Piccolomini an gleicher Stelle einen Palazzo, 1582 wurde das Gelände per Legat von Costanza Piccolomini, Gräfin von Amalfi, dem Theatinerorden überlassen – mit dem Auftrag, hier eine Kirche zu Ehren des hl. Andreas zu erbauen, des Schutzheiligen von Amalfi.

Baubeginn war bereits 1591, doch bis zur endgültigen Fertigstellung der Fassade 1665 vergingen über 70 Jahre, insofern dokumentiert Sant'Andrea auch den Übergang von der Spätrenaissance zum Hochbarock. Der einschiffige hohe Kirchenraum beeindruckt durch seine überaus reiche Ausgestaltung. Die Kuppel, ein Werk von Carlo Maderno, ist übrigens die zweitgrößte nach St. Peter. Anstelle von Seitenschiffen finden sich in Sant'Andrea einzelne Kapellen, darunter gleich vorne links, als Einzige mit einem Gitter vom Hauptschiff getrennt, die Capella Barberini, die von Papst Urban VIII. Barberini in Auftrag gegeben wurde. Nur sie schien Puccini wohl geeignet, in realistischer Weise als Zufluchtsort des geflohenen Angelotti zu dienen, besitzt sie doch in der Seitenwand einen kleinen, schlecht einsehbaren Extraraum. Diese Kirche taucht in der Oper überhaupt erstmals auf. In Sardous Drama war noch von »Saint Andréa des Jésuites à Rome«, also Sant'Andrea al Quirinale, die Rede gewesen. Allerdings hätte dieses barocke Juwel auf dem Quirinalshügel, erbaut von dem Großmeister Gianlorenzo Bernini für den Jesuitenorden, jeden Rom-Kenner stutzig gemacht: zu überschaubar als Fluchtort und zu klein, um das pompöse Finale des 1. Aktes samt Priestern, Chorsängern und allerlei Volk gebührend in Szene zu setzen.

den Revolutionär, der mit einer gesungenen Fanfare das Signal zum Freiheitskampf gibt: »La vita mi costasse, vi salverò!« – »Und koste es mein Leben, ich werde Euch retten!«

Doch die Zeit drängt. Fast bis zum Überdruss variiert der Komponist im Folgenden das verspielte Motiv, das die Idylle von Cavaradossis Villa malt, während beide das weitere Vorgehen beraten. Im vorwärtsdrängenden, wortreichen Parlando fasst Puccini den Dialog zusammen: Angelotti solle nicht bis zum Abend warten, sondern sofort zu der Villa aufbrechen. Im Notfall finde er im Brunnen im Garten ein sicheres Versteck vor den Häschern. Doch ein Kanonenschuss, der die Flucht Angelottis aus der Engelsburg öffentlich macht, durchkreuzt alle Pläne. Überstürzt rafft der Flüchtige seine Sachen zusammen, mit kämpferischen Worten begleitet ihn der Maler auf seinem Weg in die Villa.

Rasanter Stimmungswechsel: Der Sakristan, überzeugter Feind aller unchristlichen Republikaner, bringt die Nachricht vom Sieg über den »Verbrecher« Napoleon, die Meute der Messdiener bejubelt die Botschaft und beginnt, ausgelassen um den Alten herumzutanzen. Doch Scarpias Erscheinen, begleitet von den wuchtigen Akkorden vom Anfang des Aktes, beendet das muntere Treiben ebenso abrupt: »Un tal baccano in chiesa! Bel rispetto!« – »Solch ein Krawall in der Kirche! Ein schöner Respekt!« Damit wird das Finale des 1. Aktes eingeläutet, das zum Spannendsten und dramaturgisch Dichtesten gehört, was es in der gesamten Opernliteratur gibt. Bewundernswert, mit welcher Geradlinigkeit und Folgerichtigkeit die komplizierte Handlung vorangetrieben wird, wie sich Politthriller und Psychodrama verquicken. Und mit welcher Ökonomie der musikalischen Mittel Puccini die Spannung Partiturseite für Partiturseite steigert – man ist versucht, an das geniale Finale des 2. Aktes von Mozarts *Le nozze di Figaro* zu denken, in dem ebenfalls eine Kette unangenehmer Neuigkeiten die Beteiligten ständig in neue Verlegenheiten bringt.

Der erste Teil bleibt noch konventionell: ein dramatisch aufgeladenes Rezitativ, in dem Scarpia den devoten Sakristan ins Verhör nimmt. Der entflohene Häftling, der verdächtige Maler, die Kapelle, der leere Fresskorb – was hat es damit auf sich? Der Fund eines Fächers in der Kapelle führt ihn auf die richtige Spur, blitzschnell kombiniert der Polizeichef das Geschehene. Wie gerufen erscheint Tosca noch einmal, und Scarpia ergreift sofort seine Chance, die aufgebrachte Frau zu seinem Instrument zu machen. Wieder nutzt der Komponist den psalmodierenden Singsang der Messe und die betont simple Harmonik, um Scarpias Verstellung musikalisch zu illustrieren. Die Finger am Weihwasserbecken, schmeichelt er sich mit öliger Stimme bei der Sängerin ein, preist ihre Frömmigkeit – und lenkt geschickt das Gespräch auf gewisse Damen, die wohl nicht zum Beten in die Kirche kommen … Sofort beißt Tosca an, erst recht, als Scarpia ihr den Fächer mit dem Wappen der Gräfin Attavanti zeigt. Ein dramatischer Oktavsprung, danach ein Stoßseufzer mit voller Bruststimme: »Presago sospetto!« – »Ahnungsvoller Verdacht!«

Geschickt hält Puccini den aufgeregten Dialog kurz an, um Tosca – *con grande passione* – ihre Trauer und ihre Zweifel aussingen zu lassen, dann setzt Scarpia seine honigsüßen Avancen fort. Doch die Sängerin scheint wie entrückt, als sie sich immer stärker in den Schmerz ihrer Eifersuchtsattacke hineinsteigert. Sie sieht das verliebte Pärchen in der Villa schon vor sich – während das (wissende) Orchester stattdessen das Fluchtmotiv Angelottis spielt. Szenenanweisungen und Musik lassen keinen Zweifel: Tosca, die berühmte Sängerin, inszeniert ihren Abgang wie auf der Bühne. Ein drohender Blick auf das Bild der Maria Magdalena, ein verheultes Flehen zu Gott, dann lässt sie sich von Scarpia zum Ausgang begleiten, während das volle Orchester die Kirche noch ein letztes Mal mit den rauschhaften Klängen des Sehnsuchtsmotivs erfüllt.

Doch zum Atemholen bleibt nur eine kurze Fermate. Daraufhin erklingen drei Takte Angelotti-Motiv – und das eigentliche Finale kann beginnen: die Messe. Die Glocken formen das düstere Fundament, dazu erteilt Scarpia seinen Schergen den Befehl, Tosca unauffällig zu folgen. Bratschen und Celli intonieren zuerst den feierlichen, von einem Marsch-Rhythmus getragenen Gesang, der immer näher zu kommen scheint und dabei an Lautstärke und Intensität gewinnt.

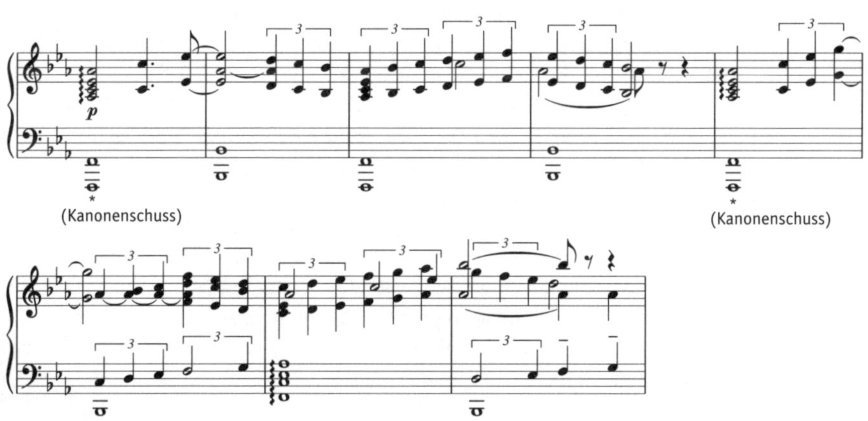

Puccini schafft es, das auf den Glocken basierende harmonische Fundament *F-B* mit seiner dominanten Grundspannung über nicht weniger als 72 Takte beizubehalten, bevor es kurz vor Aktschluss endlich in das erlösende Es-Dur münden darf. Die Orgel setzt ein und verstärkt den Eindruck des Festlich-Erhabenen, so wie die Kanonenschläge auf jedem vierten Takt. Volk und Klerus fangen an, ein Gebet zu murmeln.

Steckbrief: Tosca

Operndiva, liebende Frau, eifersüchtige Zicke, fromme Christin, heldenhafte Mörderin, verzweifelte Selbstmörderin: Wohl nur wenige Opernfiguren bieten ein so ungemein breites Persönlichkeitsspektrum wie Tosca, einen so vielschichtigen Charakter, der sorgfältig in der Balance gehalten werden muss, um nicht unfreiwillig komisch zu wirken. Stört man sich an ihrer penetranten Eifersucht, so muss sie zumindest aus ihrer großen Leidenschaft zu Mario erklärbar sein. Schlimm genug, dass sie damit Scarpia den wichtigsten Köder in die Hand spielt, mit dem er seine Opfer in die Falle lockt ... Stört man sich an Toscas frommem »Getue« im Angesicht der Madonna, dann muss klar werden, wie selbstverständlich für sie die Verehrung der Muttergottes ist, der sie Blumen mitbringt: Dankbarkeit für seelischen Beistand und Bitte um zukünftige Unterstützung.

Darüber hinaus gibt es nicht viele Opern, in denen eine Opernsängerin auf der Bühne eine Opernsängerin verkörpern darf. Tosca schöpft aus ihrem Beruf ihr Selbstbewusstsein, mit dem sie in der Öffentlichkeit auftritt, aber auch den Mut, mit dem sie ihren Mario auf die simulierte Erschießung vorbereitet: »Ich als Schauspielerin wüsste genau, wie ich spielen müsste ...« Nicht zufällig mischen sich deshalb in ihrem Verhalten spontane Emotionen und vorgeprägte Attitüden einer Sängerin, die ihre theatralische Herkunft nicht verleugnen können. Erst im 2. Akt, in der Begegnung mit Scarpia, wird ihr schlagartig klar, dass sie in eine neue Rolle gedrängt wird, die all ihre Bühnenauftritte in den Schatten stellt.

Ansonsten ist sie die Getriebene, die Unruhige, ständig in Bewegung, auf der Suche, außer Atem. Die französische, vom Feminismus geprägte Autorin Catherine Clément hat das wortmächtig beschrieben: »Das ist Tosca: der wahnsinnige Lauf des Gesangs und der Eifersucht, die raschen Füße der Leidenschaft, Auftritte, Abgänge. Und, wenn sie von ungefähr nicht auf der Bühne steht, dann füllt ihr Sängerinnenstimme, ›la sua voce‹, den äußeren Raum, und plötzlich erstarrt alles, als mache sie Männer, Sänger, ebenso unbeweglich wie das politische Drama, das für einen absoluten Augenblick durch die Macht dieser einzigen, einzigartigen Frau unterbrochen wird.«

Auch hier zeigt sich erneut der kühle Stratege Puccini, der lange vergeblich nach dem passenden Text für diesen Moment geforscht hatte (und forschen ließ): passend zur Liturgie, doch unaufdringlich genug, um im Hintergrund zu wirken und die Dominanz des Bariton-Solisten nicht zu gefährden. Schließlich entschied er sich für ein »Adiutorium nostrum in nomine Domini«, das ihm vor allem deshalb gefiel, weil es auf den betonten Silben mit vier dunklen o-Vokalen aufwartet!

Scarpia scheint allerdings von dem ganzen Volksgedränge, dem Kardinal und der Schweizergarde nichts mitzubekommen. »Va, Tosca! Nel tuo cuor s'annida Scarpia« – »Geh, Tosca! In deinem Herzen nistet sich Scarpia ein« beginnt sein großer Schlussmonolog, der die ganze Lüsternheit und Bigotterie, aber auch die Willenskraft seines Charakters offenbart. Keinen größeren Gegensatz könnte man sich vorstellen zu dem weihevollen Ablauf der Messe; Puccini hat hier die Kontraste so theatralisch wie möglich ausgereizt. Allein der Wechsel von Monolog und Chor, dazu die raffiniert sich verdichtende Instrumentierung, das permanent gleichbleibende Fundament der Glocken: Das schafft eine elektrisierend sinnliche Spannung, in der religiöse und sexuelle Ekstase zusammenfließen. Scarpias letzter Satz fasst das Ganze brillant zusammen: »Tosca, mi fai dimenticare Iddio!« – »Tosca, du lässt mich Gott vergessen!« Erst dann scheint der verzückte Polizeichef aus seinem Traum zu erwachen und stimmt in das aufschäumende Tedeum ein. Und so grandios, wie er begann, endet dieser Akt auch: mit den fünf gewaltigen Akkorden in B-Dur, As-Dur und E-Dur.

2. Akt: ein mörderisches Duell in 40 Minuten

Der 2. Akt im Palazzo Farnese beginnt, wie der 1. Akt geendet hat: mit einem Monolog des Scarpia. Doch wo Giuseppe Giacosa, der Librettist, anfangs noch heftig gemäkelt und Langeweile befürchtet hatte, tritt nun genau das Gegenteil ein. Die Kontinuität der Geschichte wird deutlich, man erkennt, wie Scarpia weiter an seiner Intrige spinnt, mit der er Cavaradossi auf den Richtplatz, vor allem aber Tosca in seine Gewalt bekommen will. In den nächsten 40 Minuten werden sich die Ereignisse überschlagen, wird die Entwicklung in gesteigertem Tempo vorangetrieben. Das Konzert Floria Toscas, die Folter Mario Cavaradossis, die Nachricht vom Sieg Napoleons: Vor dieser schillernden Folie vollzieht sich das ungleiche, mörderische Duell zwischen dem Polizeichef und der Sängerin. Mit stimmungsvollen Nebensächlichkeiten hält sich dieser Akt nicht auf. Auch hier ist alles knapp und komprimiert getextet und ebenso von Puccini komponiert. Einen einzigen Moment des Innehaltens gönnt er sich und den Zuschauern: Toscas berühmte Romanze *Vissi d'arte, vissi d'amore*.

Wieder gibt es zur Eröffnung des Aktes nur wenige Takte, ein herabgleitendes Dreiton-Motiv im Andante:

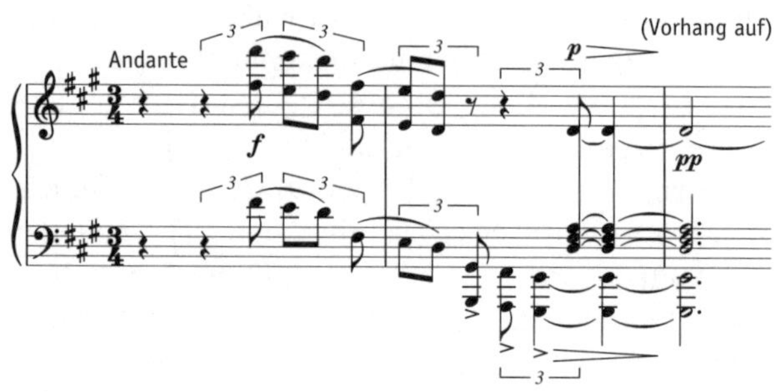

Dann erinnert die Klarinette an das sehnsüchtige Liebesmotiv des Cavaradossi – man ahnt, wo Scarpia seine Gedanken hat, wenn er, wie die Szenenbeschreibung lautet, »in seiner unruhigen Miene und den Gebärden das Fieber seiner Aufregung verrät«. Er setzt zu einem rezitativischen Monolog an »Tosca è un buon falco!« – »Tosca ist ein guter Falke!«, dann klingelt er nach seinem Untergebenen Sciarrone, und während aus dem unteren Stockwerk galante Musik vom Fest der neapolitanischen Königin Maria Carolina heraufklingt, erteilt er seine Befehle: Tosca solle gleich nach dem Konzert zu ihm kommen. Der brünstige Polizeichef verkündet siegessicher sein Credo: »Ha più forte sapore la conquista violenta che il mellifluo consenso.« – »Die gewaltsame Eroberung hat eine kräftigeren Geschmack als die honigsüße Hingabe.« Er berauscht sich an seiner Vision, Macht und Genuss miteinander zu verbinden, und das Orchester schürt mit eifrigem Tremolo und kräftigen Akkorden diese Stimmung: »Dio creò diverse beltà, vini diversi … Io vo' gustar quanto più posso dell'opra divina.« – »Gott schuf verschiedene Schönheiten und verschiedene Weine … Ich will genießen, soviel ich kann, von der göttlichen Schöpfung.« Man merkt, dass dieser Scarpia in seiner Lebenseinstellung viel von Shakespeares Jago gelernt hat, nur dass bei ihm nicht der pure Zerstörungswille im Zentrum steht, sondern die Lust, seine Macht in jeder Richtung auszunutzen.

Ein weiteres Mal erklingt das absteigende Anfangsmotiv, nun im Fortissimo, dann erscheint Spoletta, um Bericht zu erstatten. Und die Musik schaltet komplett um: Jetzt begleitet ein schlichtes Tremolo die gehetzte Schilderung des Polizisten, wie er in das Landhaus Cavaradossis eindrang und dort alles durchsuchte – allerdings vergeblich, was einen Wutanfall Scarpias auslöst. Nur die Aussicht, den verhafte-

Steckbrief: Scarpia

Der berühmte italienische Bariton Tito Gobbi (1913–1984) gilt als bedeutendster Interpret des eleganten wie brutalen Barons Vitellio Scarpia. In seiner über 40-jährigen Karriere hat er diese Rolle nicht weniger als 870 (!) Mal auf allen großen Bühnen der Welt gesungen, hinzu kommen zwei Maßstab setzende Studioaufnahmen, beide mit Maria Callas als Tosca. In Mosco Carners *Tosca*-Monografie von 1985 hat Gobbi seine Erfahrungen mit der Rolle zusammengefasst:

»In *Tosca* ist Scarpia, so glaube ich, der Schlüsselcharakter. Nicht etwa, weil es ›mein‹ Charakter war, sondern weil er es ist, der mit fast dämonischer Energie und Sachkenntnis die Handlung vorantreibt. In meinen Inszenierungen habe ich alles um ihn herum angeordnet – diesen Schrecken einflößenden, aber eleganten, kontrollierten Menschen. (...) Er ist sich sehr genau seiner Position als römischer Polizeichef bewusst und stellt sich in den Mittelpunkt, wann immer er die Chance dazu hat. Er sollte nie den stereotypen Schurken darstellen, sondern kühl und gebieterisch sein, wenn er seine Untersuchungen durchführt, dagegen zeremoniell, fast honigsüß gegenüber Tosca. Es gibt kurzzeitige Änderungen in seinem Verhalten gegenüber Tosca, die immer von der ungemein subtilen Musik diktiert werden, die Puccini komponiert hat. So gibt es z. B. die beiden überraschenden Takte im 1. Akt, die ausreichen, um seine impulsive Annäherung an Tosca zu beschreiben, doch sofort kehrt er zu einem süßlichen Auftreten zurück, mit dem er ihr das Weihwasser anbietet, während dazu die Glocken ertönen. (...) Der Polizeichef sollte in jedem Fall einen deutlich verschiedenen Tonfall gegenüber den einzelnen Personen anschlagen. Manchmal hat dieser kultivierte Gentleman einen Wutausbruch, der sofort wieder kontrolliert wird von seiner komplexen Natur aus Fanatiker, Satyr, Sadist, Höfling und Henker. Er liebt es, die verschiedenen Aspekte auszuspielen, berauscht vom Wein oder Blut. Dieses gefährliche Crescendo wird ihn am Ende überwältigen, wenn er vom Messer einer zerbrechlichen Frau niedergestreckt wird.«

ten Cavaradossi in seinen Händen zu haben, besänftigt ihn halbwegs. Dann nimmt erneut das Fest seine Aufmerksamkeit gefangen, denn inzwischen hat Toscas Kantate eingesetzt. Hier montiert Puccini in genialer Weise zwei musikalisch und inhaltlich völlig verschiedene Ebenen: hinter der Bühne die salbungsvolle, vom Chor angestimmte Kantate, vorne der Beginn des rohen Verhörs von Cavaradossi, der jedoch jegliche Verbindung zu dem entflohenen Angelotti abstreitet. Puccini führt nun ein punktiertes Flöten-Motiv in tiefer Lage ein (es wird die ganze Szene »untermalen«), das keine Zweifel über die bedrohliche Atmosphäre aufkommen lässt:

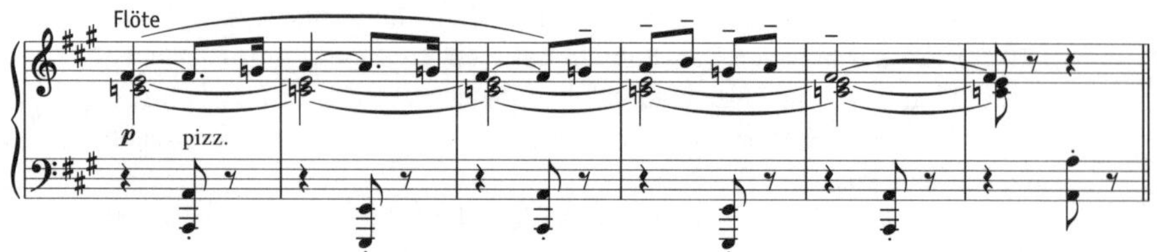

Immer gereizter wird Scarpias Tonfall, Tosca krönt ihren Hymnus mit einem hohen *h* – wütend knallt Scarpias das Fenster zu, um ohne störende Ablenkungen, dafür umso intensiver den Gefangenen in die Mangel zu nehmen. Auch Toscas Erscheinen kann Cavaradossi nicht umstimmen, er wird zur Folterung abgeführt. Scarpia wendet sich Tosca zu, und sofort ändert sich der Tonfall des Orchesters, das in einen elegant-schmeichelnden $^{6}/_{8}$-Takt übergeht.

Dabei schlüpft er erneut in seine alte Rolle als Kavalier: »Ed or fra noi parliam da buoni amici.« – »Und jetzt lasst uns wie gute Freunde miteinander reden.« Der Inhalt des folgenden Dialogs spricht dem galanten Tonfall Hohn; es geht noch einmal um den Fächer der Gräfin Attavanti und um Toscas mögliche Mitwisserschaft. Auch hier zieht der Polizeichef allmählich die Schrauben an, während Puccini die Temperatur der Musik immer stärker erhöht. Mit martialischen Worten beschreibt Scarpia die Qualen der Folter, Tosca reagiert mit einem Ausruf des Entsetzens (auf dem hohen *c*!), dem sie ein aus tiefster Brust hervorgestoßenes »Sogghigno di demone« – »O teuflisches Grinsen« folgen lässt.

Zum zweiten Mal wird sie mit dem mittlerweile blutenden Mario konfrontiert, zum zweiten Mal verbietet er ihr, etwas zu verraten. Mit der nächsten Stufe des Psychoterrors wechselt auch das Motiv: nichts Galantes mehr, sondern ein Trauermarsch-ähnliches Lento grave im $^{4}/_{4}$-Takt. Scarpia reizt Tosca zu immer heftigeren Ausbrüchen und kommentiert diese höhnisch-triumphierend: »Mai Tosca alla scena più tragica fu!« – »Auf der Bühne war Tosca nie tragischer!« Ein langer chromatischer Lauf im Orchester kündigt seine nächste Attacke an; wie ein Berserker setzt er Tosca zu, die Orchesterwogen schlagen über seinem Opfer zusammen: »Dov'è Angelotti? Dite dov'è Angelotti?« – »Wo ist

Angelotti? Sagt, wo ist Angelotti?« Wie in einem Thriller peitscht sich die Spannung immer höher, angetrieben von der Wut Scarpias und der Angst Toscas, die in einem auskomponierten Schluchzer endet: »Ah, non posso più, ah, non posso più!« – »Ach, ich kann nicht mehr, ach, ich kann nicht mehr!« Währenddessen geht die Folterung Marios, immer in Hör- und Rufweite Toscas, weiter …

Doch erneut kühlt der Komponist geschickt die Temperatur kurz vorm Überkochen ab. Ein drittes Mal versucht Tosca vergeblich, ihrem Mario die Zustimmung zum Verrat abzuringen, bevor sie sich in letzter Verzweiflung an Scarpia wendet: »Torturate l'anima, sì, l'anima mi torturate.« – »Ihr foltert mir die Seele, ja, meine Seele foltert Ihr.« Dann der Wendepunkt: ein gellender Schrei Cavaradossis, der heisere Ausruf

Frei nach »Riccardo« Wagner: Puccini und die Motive

Wenig bekannt ist gemeinhin, wie sehr Puccini seinen 45 Jahre älteren deutschen Kollegen »Riccardo« Wagner geschätzt hat. Und wie viel er von dessen hochentwickelter motivischer Arbeit gelernt hat. Immerhin studierte schon der junge Giacomo als Student 1882 ausgiebig die brandneue Partitur von Wagners *Parsifal* (ein Werk, das er bewundert und später in Bayreuth und Wien mehrfach gehört hat). Von einer strengen Leitmotivtechnik im wagnerschen Sinne kann bei Puccini allerdings nicht die Rede sein. Vielmehr bedient er sich einer Mischung aus personenbezogenen, atmosphärischen und Aktionsmotiven, deren Verwendung pragmatisch gehandhabt wird.

Für die *Tosca* hat Norbert Christen, der sich intensiv mit der Harmonik und Melodik in Puccinis Opern beschäftigt hat, nicht weniger als 45 Motive – zentrale wie nebensächlichere – gezählt. Zumeist sind es Melodik und Harmonik, die diesen Motiven Gestalt geben, wobei vokale Linie und orchestrale Begleitung Hand in Hand gehen und größtenteils kaum verändert werden (und somit leicht wiederzuerkennen sind). Bisweilen übernimmt das »allwissende« Orchester auch eine kommentierende Aufgabe. Von den *Tosca*-Protagonisten hat allein Scarpia sein »eigenes« Motiv, während Tosca und Cavaradossi vor allem durch ihr Sehnsuchtsmotiv miteinander verbunden sind. Die Motive haben eine klare dramaturgische Funktion: Durch ihre genau überlegte Verknüpfung schafft es Puccini, seinem Werk – bei aller assoziativen Aneinanderreihung musikalischer Momente – eine verbindende Struktur zu geben.

Toscas »Nel pozzo del giardino« – »Im Brunnen des Gartens«, Scarpias Befehl zum Ende der Folterung. Der Gefangene wird hereingebracht, während das Orchester das punktierte Drohmotiv in tieferer Lage in Erinnerung bringt. Natürlich muss das Sehnsuchtsmotiv folgen, breit ausgespielt, begleitet von liebevollen Worten – und Cavaradossis sofortiger Frage, ob Tosca etwas verraten habe. Sie verneint, aber Scarpia, um sie zu demütigen, deckt mit höhnischer Miene ihren Wortbruch auf, was einen Wutanfall Cavaradossis auslöst.

Schlagartig kippt die Situation: Ein Bote meldet dem verdatterten Polizeichef die Nachricht von der Niederlage gegen Napoleon, und der Republikaner Cavaradossi setzt berauscht zu einem Siegesgesang an, der vom vollen Einsatz der Holz- und Blechbläser getragen wird. Diesen Wechsel schafft Puccini auf meisterliche Art und Weise, es reißt auch den kopflastigsten Opernbesucher mit, wenn der gerade noch Gefolterte sein tenorales »Vittoria!« schmettert. Der Komponist vermeidet es geschickt, den Effekt überzustrapazieren: nur zwei »Vittoria«-Rufe, dann lässt sich Cavaradossi zu einem kraftvollen Freiheitshymnus hinreißen, der von Toscas besorgten Beschwichtigungen und Scarpias sarkastischen Kommentaren kontrastiert wird. Die Siegesgewissheit verfliegt so schnell, wie sie gekommen war.

Unter den Klängen von Toscas Verzweiflungsmotiv wird Cavaradossi wieder abgeführt, und es beginnt der letzte Teil des Dramas um die Eroberung Toscas. Scarpia streift wieder seine Galahandschuhe über, und das Orchester pariert mit dem bereits bekannten einschmeichelnden $^6/_8$-Takt. Der aufgewühlten Tosca ist aber nicht nach Schmeichelei zumute, eine einzige Frage entfährt ihren Lippen: »Il prezzo?« – »Der Preis?« Doch Scarpia weist alle Vermutungen nach Käuflichkeit ab – »nicht bei schönen Frauen«. Und dann steigert er sich in die zweite Strophe seines zu Beginn des Aktes angestimmten Credos hinein (*appassionato molto* lautet die Anweisung in der Partitur): Angestachelt von Toscas Tränen und ihrem Hass, giert er danach, sie zu umarmen, wie sie ihren Geliebten umarmt hat. Erstmals duzt er Tosca (»Quel tuo pianto era lava ai sensi miei« – »Deine Tränen waren Lava für meine Sinne«), und seine Raserei gipfelt in einem zweimaligen, triumphalen »Mia! Mia!« – »Mein! Mein!«.

Entsetzt flüchtet Tosca zum Fenster, sie versucht, den immer heftiger werdenden Attacken Scarpias zu entkommen, sie schreit vergeblich um Hilfe, als plötzlich – noch ein grandioser dramaturgischer Einfall – aus der Ferne ein düsterer Trommelwirbel zu hören ist: das Zeichen zur Erschießung der zum Tode Verurteilten. Mit teuflischem

Flüstern macht Scarpia ihr klar, dass auch ihr Mario in wenigen Stunden unter jenen sein wird. Regieanweisung: »Tosca lässt sich schmerzgebrochen auf ein Sofa fallen. Scarpia geht ungerührt zum Tisch, stützt sich auf eine Ecke, schenkt sich Kaffee ein und trinkt, wobei er Tosca unausgesetzt betrachtet.« Dann endlich kommt das Stück, auf das alle den ganzen Abend gewartet haben – ob man es nun Arie, Gebet oder schlicht Romanze nennt: *Vissi d'arte, vissi d'amore*:

Vissi d'arte, vissi d'amore
Vissi d'arte, vissi d'amore, /
non feci mai male ad anima viva! /
Con man furtiva /
quante miserie connobbi, aiutai... /
Sempre con fè sincera /
la mia preghiera ai santi tabernacoli salì. /
Sempre con fè sincera diedi fiori agl'altar. /
Nell'ora del dolore /
perchè, perchè Signore, perchè me ne rimuneri così? /
Diedi gioielli della Madonna al manto, /
e diedi il canto agli astri, al ciel che ne ridean più belli. /
Nell'ora del dolor /
perchè, perchè Signor, /
ah, perchè me ne rimunerì così?

Wörtliche Übersetzung
Ich lebte für die Kunst, lebte für die Liebe, /
tat keinem Lebewesen etwas zuleide! /
Mit verstohlener Hand /
habe ich, wo ich Elend sah, geholfen. /
Immer in aufrichtigem Glauben /
sandte ich mein Gebet /
hinauf zu den heiligen Tabernakeln, /
immer in aufrichtigem Glauben /
schmückte ich den Altar mit Blumen. /
In dieser Schmerzensstunde /
warum, warum, o Herr /
warum dankst du mir das so? /
Ich gab Juwelen /
für den Mantel der Madonna, /
gab meinen Gesang /

für die Sterne, für den Himmel, noch schöner sollten
sie strahlen. /
In dieser Schmerzensstunde, /
warum, warum, o Herr, /
warum dankst du mir das so? /

Giacomo Puccini soll später gezweifelt haben, ob es richtig war, an dieser Stelle die dramatische Handlung so brüsk zu unterbrechen und Tosca ein Gebet an Gott (oder an sich selbst?) richten zu lassen. Sicherlich: Der Moment ist völlig unrealistisch, aber gerade deshalb gibt diese kontemplative Szene dem gesamten Akt plötzlich eine tiefere Dimension, die über den reinen Theaterplot hinausweist. Man muss nicht so weit gehen und behaupten, dass Tosca mit dieser Szene erst die innere Kraft sammelt, die sie danach befähigen wird, zum Messer zu greifen und Scarpia zu erstechen. In jedem Fall knüpft Puccini hier an die alte Tradition der Barockoper an, in der Arien die Affekte wie unter einem Brennglas in höchster Intensität bündeln und gleichzeitig den Moment über das reale Maß hinaus dehnen und somit viel eindrücklicher erfahrbar machen. In *Vissi d'arte* kreist alles um Toscas hingebungsvolles Mitleiden, womit die Polarität zwischen den beiden Protagonisten, zwischen Gut und Böse, zwischen *caritas* (Nächstenliebe) und *libido* (sexuelle Liebe) noch einmal zugespitzt wird.

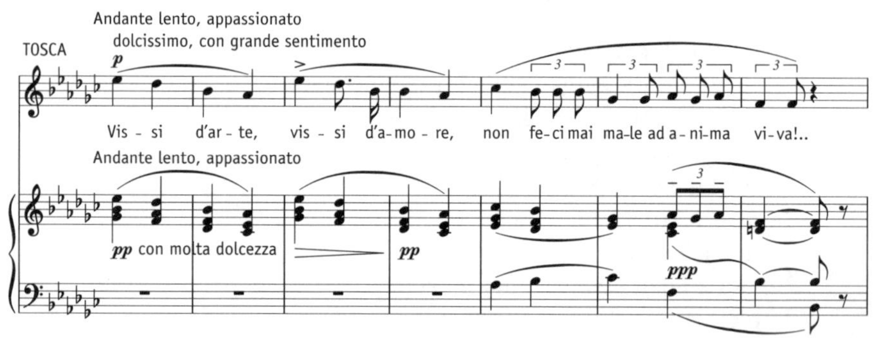

Dolcissimo, con grande sentimento (»sehr sanft, mit großem Gefühl«) lautet die Anweisung für die schlichte, abwärts gleitende Melodie der Sängerin, und auch die Streicher, die allein die Anfangsworte begleiten, werden angehalten, im Pianissimo *con molta dolcezza* (»mit großer Sanftheit«) zu spielen. Die arpeggierende Harfe sorgt für quasi-religiöse Stimmung, während Puccini Flöte und gedämpftes Cello die Melodie weitertragen lässt. Mal bettet er die Singstimme im Parlando in das Orchester ein, dann wieder darf die Sopranistin ihre melodischen Bögen mit Emphase aussingen. In der zweiten Strophe (»Diedi gioielli« – »Ich gab Juwelen«) übernehmen die Violinen den Part der Flöte, die nunmehr das Geglitzer der Harfe sekundiert. Das Ende aber variiert Puccini auf effektvolle Weise, indem er die Sopranistin mit ihrem verzweifelten Ausbruch auf »Signor« zum hohen *b* emporhebt, von dem sie über das *as* und – am besten mit einem raffinierten Decrescendo! – dann das *ges* in irdische Sphären zurückgleitet.

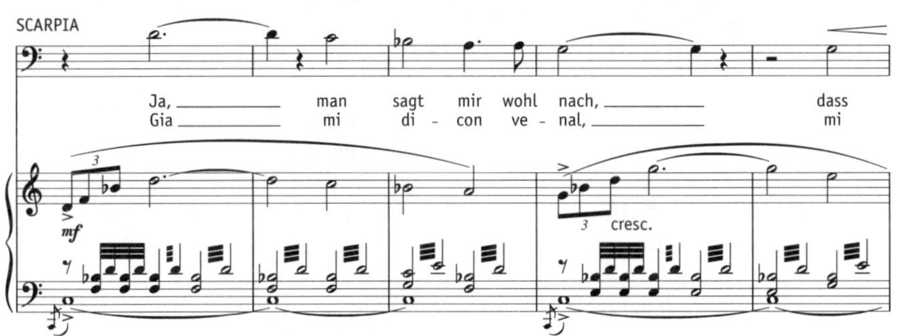

Die einkomponierte Zäsur ist eigentlich immer lang genug, um die Zuschauer zum Applaus zu animieren. Nur Scarpia kontert ungerührt: »Dissolvi!« – »Entschließ dich!« Als Tosca sich vor ihm auf die Knie wirft, scheint er Mitleid zu bekommen: »Sei troppo bella, Tosca« – »Du bist zu schön, Tosca«. Getragen wird diese Szene im Orchester von einem Motiv, das schon vorher, bei Scarpias erstem Angebot, angeklungen war: ein aufschnellender gebrochener Dreiklang, der langsam wieder in sich zurücksinkt.

Erstmals formuliert er das Angebot klar und deutlich: nur eine Stunde mit ihr für das Leben ihres Geliebten! Tosca hat kaum Zeit zu reagieren, als wieder eine Störung dazwischenkommt. Scarpias Agent Spoletta berichtet, dass sich Angelotti beim Eintreffen der Häscher selbst getötet habe. Auch hier ist der dramatische Moment, der ursprünglich bei Sardou in einer langen Szene ausgebreitet war, geschickt auf zwei Sätze komprimiert worden.

Die Vorstellung, dass ihr Mario genauso enden wird, bricht Toscas letzten Widerstand. Unterstrichen von einem kargen Dauer-Tremolo des Orchesters werden die Bedingungen seiner Freilassung ausgehandelt: Weil Scarpia ihn nicht einfach entlassen könne, solle er zum Schein erschossen werden – »wie beim Grafen Palmieri«, so die

Anweisung (»mit besonderer Betonung«) an Spoletta, die dieser mit wissendem Einverständnis wiederholt. Tosca erhält die Erlaubnis, ihm selbst am nächsten Morgen die Nachricht zu überbringen. Kaum ist Spoletta abgetreten, folgen die Nachverhandlungen; Tosca fordert geistesgegenwärtig noch einen Passierschein für sich und den Geliebten.

Der Schluss dieses Aktes beginnt mit einer düsteren Streichermelodie in tiefer Lage:

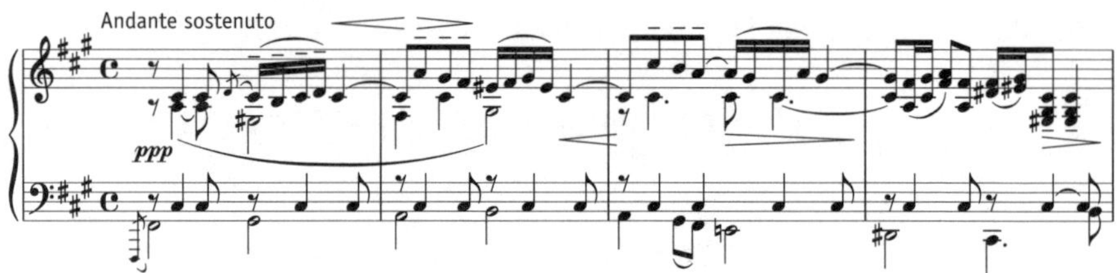

Nach der Anspannung der letzten Minuten scheint Ruhe einzukehren, aber es ist eine trügerische Ruhe, so wie das fis-Moll der Musik eher schwermütige Trauer ausdrückt, unterbrochen nur von Scarpias kurzen, sachlichen Nachfragen nach dem gewünschten Weg. Doch unmerklich zieht die Musik an, während Tosca ein Weinglas ergreift und dabei das Messer auf dem Tisch entdeckt, das sie hinter ihrem Rücken versteckt. Das Motiv des emporschnellenden Dreiklangs kommt hinzu, Scarpia hat den Passierschein ausgestellt, er stürzt auf Tosca zu (»Tosca, finalmente mia!« – »Tosca, endlich mein!«), und in die sich überstürzenden Orchesterschläge mischen sich Scarpias Todesschreie und Toscas Verwünschungen. In bester Schauspielerinnenmanier zelebriert sie dieses Ende, mit Tönen im tiefsten Bruststimmenregister: »È morto! Or gli perdono!« – »Er ist tot! Jetzt vergeb' ich ihm!«

Der Rest ist eine Pantomime, die bei der zeitgenössischen Kritik fast durchgehend wegen »kalkulierter und billiger Geschmacklosigkeit« auf heftigste Ablehnung stieß. Puccinis Librettisten waren hier detailgetreu der Vorgabe Sardous (und Sarah Bernhardts) gefolgt, nach der Tosca dem Toten zuerst ein Kruzifix auf die Brust zu legen und dann zwei Kandelaber zu seiner Rechten und Linken zu stellen hat. Puccini verzichtete allerdings völlig auf Gesang und hatte stattdessen die geniale Idee, in dieser Coda rein orchestral die gesammelten Emotionen des 2. Aktes aufzufangen. Noch einmal montiert er die beiden letzten Motive hintereinander, die unheilvolle Streicherkantilene und den auffahrenden Dreiklang, lässt in der Klarinette auch einen Takt Sehnsuchtsmotiv anklingen, bevor die Musik ganz allmählich mit dem

Schauplatz 2. Akt: Palazzo Farnese

Als einer der machtvollsten Renaissance-Paläste der Stadt dominiert der Palazzo Farnese den gesamten Bereich zwischen Campo dei Fiori und dem Tiberufer. Er dokumentiert in Stein gehauen das gewachsene Selbstbewusstsein der Familie Farnese, das mit der Wahl von Kardinal Alessandro Farnese zum Papst (als Paul III. regierte er 1534–1549) seinen Zenit erreichte. In dieser Zeit war es vor allem Michelangelo, der dem 1517 begonnenen Bau neue Dimensionen verlieh. Besonders beeindruckt der mächtige Balkon über dem Eingang mit dem gewaltigen Wappen der Familie Farnese: sechs Lilien, bekrönt von den päpstlichen Schlüsseln und der Tiara.

Heute ist der Palazzo Sitz der französischen Botschaft – warum, das zeigt der Blick in die Vergangenheit. 1714 heiratet Elisabetta Farnese den Bourbonen-König Philipp V. von Spanien, der in Personalunion König von Neapel ist. So kommt der Palazzo in den Besitz des Hauses Bourbon, das auch in Frankreich auf dem Thron sitzt. Seitdem sind die spektakulärsten Schätze der Sammlung Farnese – wie Tizians Papst-Porträts und der riesige Herkules Farnese – nur noch in Neapel zu besichtigen. Der Palazzo fällt in einen Dornröschenschlaf, erst 1874 mietet der französische Staat den Palazzo Farnese vom letzten Bourbonen-Herrscher und macht ihn zu seiner Botschaft. 1911 wird er dem italienischen Staat abgekauft, jedoch mit einer Rückkaufklausel nach 25 Jahren, die Mussolini 1936 nutzt – und anschließend das Gebäude für 99 Jahre und einen symbolischen Betrag an Frankreich vermietet.

Sardou wählte also genau den richtigen Rahmen, als er für das große Fest anlässlich des Sieges über Napoleon die römische Residenz der neapolitanischen Königin – sprich: den Palazzo Farnese – zum Schauplatz des 2. Aktes machte. Als Puccini und seine Librettisten das Sardou-Drama von fünf auf drei Akte stutzten, strichen sie das Fest auf eine Hintergrundmusik zusammen, die aus dem ersten Stock heraufklingt, während oben Scarpia seiner Arbeit nachgeht. Bei Sardou residierte Scarpia noch direkt im Gefängnis, also in der Engelsburg – der Palazzo Farnese ist in der Tat eigentlich für einen Polizeichef ein zu nobles Ambiente!

dreifachen Zitat des Scarpia-Motivs, im düstersten Pianissimo, verlöscht. Und dazwischen singt (oder besser deklamiert) Tosca nur den berühmten Satz, den Maria Callas für die legendäre Plattenaufnahme von 1953 eine satte halbe Stunde lang zu probieren hatte: »E avanti a lui tremava tutta Roma!« – »Und vor ihm zitterte ganz Rom!«

3. Akt: Morgenstimmung und tödliche Schüsse

Giacomo Puccini mit seinem untrüglichen Theaterinstinkt muss gespürt haben, dass nach der emotionalen *Tour de Force* des 2. Aktes erst einmal ein Moment des Innehaltens notwendig war, um den erhöhten Blutdruck der Zuschauer wieder abzusenken. Deshalb verzichtet er am Anfang des 3. Aktes darauf, wie in den beiden vorangegangenen Akten ohne größeres Vorspiel mitten in die Handlung einzusteigen, sondern schaltet die stimmungsvolle Schilderung der Morgendämmerung vor. Trotzdem ist Puccini Bühnenpraktiker genug, um nicht mit allzu leisen Tönen einzusteigen: Der 3. Akt beginnt mit einer Fortissimo-Fanfare der vier Hörner, die später die beiden Liebenden als Hymnus auf die neu gewonnene Lebenshoffnung anstimmen werden. Unvermittelt der Kontrast: Die zart herabfallenden Quintakkorde von hohen Bläsern und gedämpften Streichern suggerieren das Blitzen der Sterne, aber durch den wiegenden Rhythmus auch etwas Idyllisch-Bukolisches.

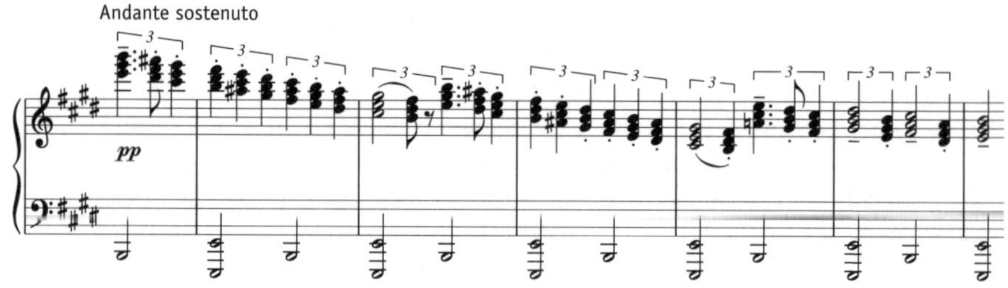

Voller Zärtlichkeit wird dieses Motiv ausgespielt und leitet sanft in das Lied des jungen Hirten über. Schon Richard Wagner hatte für seinen *Tannhäuser* und später für *Tristan und Isolde* die Idee, einen Hirten eine schlichte Weise anstimmen zu lassen. Auch hier wirkt der Text (im römischen Dialekt) wie eine Vorahnung der kommenden Katastrophe: »Io de' sospiri, te ne rimanno tanti / pe' quante foje ne smoveno li venti.« – »Seufzer send ich dir so viele, / wie Blätter im Winde wehen.« Der Regisseur Dietrich Hilsdorf hat Sardou genau gelesen und in seiner Inszenierung an der Deutschen Oper am Rhein Düsseldorf / Duisburg die Szene als Erinnerung Toscas an ihre Jugend als Hirtin ausgedeutet. Erneut erklingen dazu die fallenden Quintakkorde, zu denen sich das Gebimmel der Schafe gesellt, im Orchester von kleinen Glocken *(campanelle)* erzeugt.

Es läuten die ersten (großen) Glocken, die den frühen Morgen ankündigen, und ein Streichersatz setzt ein, der zum Schlichtesten und zugleich Bewegendsten gehört, das Puccini komponiert hat. Hier zeigt er, was er im Kontrapunktunterricht am Mailänder Konservatorium gelernt hat. Der vierstimmige Satz gleitet wie selbstverständlich durch die Tonarten, begleitet von den verschiedenen Glocken (die Puccini genial integriert) und einer einzelnen Flöte. Dann klingt erstmals die berühmte Melodie an, die Cavaradossi später für seine Romanze *E lucevan le stelle – Und es blitzten die Sterne* tenoral veredeln wird. Puccini scheut sich nicht, diese schwermütige Melodie vollständig auszuspielen; sie rundet die Stimmung dieser Eröffnungsszene eindringlich ab. Ihr besonderes »Gewicht« erhält sie durch das wiederholte Erklingen des Campanone, der großen Glocke von St. Peter, auf dem tiefen *e*.

Es folgt ein kurzer Dialog, in dem der Kerkermeister den Gefangenen nüchtern daran erinnert, dass ihm noch eine Stunde bleibt. Doch sofort kehren die Emotionen zurück: Das schwelgerische Liebesmotiv geistert durch das Orchester, während Cavaradossi dem Kerkermeister seinen Ring verspricht, wenn er ihn einen letzten Brief schreiben lasse. Auch hier zeigt sich das dramaturgische Feingefühl der Librettisten: Cavaradossi setzt an, um zu schreiben, das Orchester wiederholt, diesmal durch den betörenden Klang der vier Solo-Violoncelli besonders zu Herzen gehend, das Liebesmotiv – dann löst sich die aufgebaute Spannung in jenem melancholischen Klarinetten-Solo, das den dritten Höhepunkt des Abends vorbereitet.

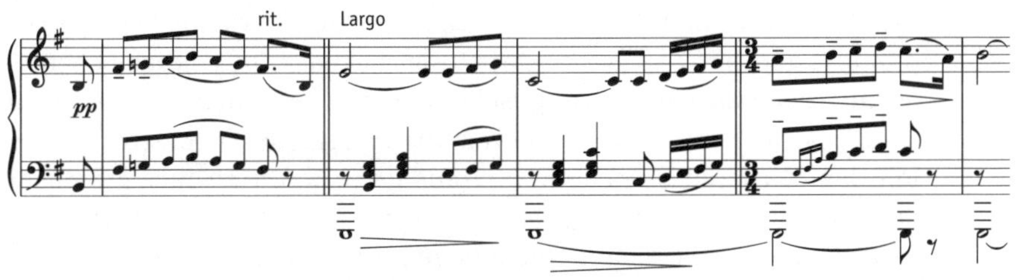

Wäre es nach Luigi Illica gegangen, hätte der Maler an dieser Stelle einen Hymnus auf seine Kunst im Speziellen und die Macht der Kunst im Allgemeinen angestimmt, der dann in einen *inno latino*, eine Hymne auf Rom, münden sollte. Das hätte vielleicht das römische Publikum begeistert, doch Puccini wehrte sich kategorisch und kämpfte beharrlich gegen die Widerstände Illicas und Ricordis. Stattdessen entschied er sich, zutiefst menschlich, für die Erinnerung Cavaradossis an die Liebesstunden mit Tosca, beschrieben in poetischen Bildern, die in einen großen Gefühlsausbruch münden: »Oh, dolci baci, o languide carezze, mentr'io fremente le belle forme disciogliea dai veli.« – »O süße Küsse, o sanfte Umarmungen, als ich zitternd ihren schönen Leib von seinen Schleiern befreite.« Doch der Schmerz überwältigt ihn, er gipfelt in einem Ausbruch der Bitterkeit, den der Tenor mit größter Hingabe – aber möglichst ohne theatralischen Schluchzer! – zu singen hat: »E muoio disperato! E non ho amato mai tanto la vita, tanto la vita!« – »Und ich sterbe verzweifelt! Und habe doch das Leben nie so sehr geliebt, nie so sehr geliebt!« Das sind insgesamt gerade einmal drei (!) Minuten, für die aber jeder Puccini-Tenor wenigstens einmal im Leben eine Pilgerfahrt an das Grab ihres Schöpfers machen sollte ... in Begleitung des Solo-Klarinettisten.

Auch wenn in romanischen Ländern hiernach immer Beifallsstürme losbrechen: Puccini verweigert eigentlich den Szenenapplaus und leitet ohne klaren Abschluss in die nächste Szene über. Das Orchester beschleunigt mit einem gewaltigen Crescendo, und Tosca stürmt – wie mit Scarpia ausgemacht – auf die Plattform der Engelsburg, um Cavaradossi persönlich von seinem Glück zu berichten. Gemeinsam stoßen sie die Worte des Passierscheins heraus, »Sei libero« – »Du bist frei«, jubelt Tosca *con entusiasmo*, und in hektischer Rede, deutlich betont durch die fortwährenden Synkopen im Orchester, schildert sie die Ereignisse der letzten Nacht.

Noch einmal klingen in gedrängtester Form die wichtigsten Motive an, vor allem die Trommelwirbel, die ihr die größte Pein verursacht hatten: »Rullavano i tamburi ... l'empio mostro rideva, già la sua preda pronto a ghermir.« – »Die Trommeln wirbelten ... das eklige Scheusal lachte, schon auf dem Sprung, seine Beute zu ergreifen.« Immer mehr steigert sich Tosca in ihre Beschreibung hinein, das Orchester erinnert mit dem düsteren Streicher-Motiv aus dem 2. Akt an ihre grässliche Situation. Ihre Schilderung, wie sie Scarpia den tödlichen Stoß ins Herz versetzte, besiegelt sie mit einem hohen *c*, das über zwei Oktaven zum tiefen *c* hinabstürzt. Der wohlkalkulierende Profi Puccini, der sonst in den Arien recht sparsam mit Spitzentönen umgeht, setzt sie in solchen Momenten umso effektvoller ein.

Schock und Unglauben bei Cavaradossi sind groß: Mit ihren eigenen Händen hat sie diesen Schurken erstochen? Und kaum hat Tosca von dem Blut erzählt, von dem diese Hände trieften, beginnt er sie mit zärtlichen Worten zu besingen: »O dolci mani mansuete e pure, o mani elette a bell'opre e pietose.« – »O süße Hände, sanft und rein, o Hände, auserwählt für gute und wohltätige Werke.« Dichterisch sind diese Zeilen sicher keine Offenbarung, und auch der Moment, in dem sie

Schauplatz 3. Akt: Castel Sant'Angelo – Engelsburg

Dem trutzigen Bauwerk am jenseitigen Ufer des Tibers sieht man heute kaum noch an, dass es ursprünglich von Kaiser Hadrian im 2. Jahrhundert n. Chr. als Mausoleum für sich und seine Familie gebaut wurde. Damals schmückten noch ein dichter Hain aus Bäumen und eine Kette großer Statuen das oberste Stockwerk. Ab dem 9. Jahrhundert wurde die umgebaute Festung von den Päpsten als Zufluchtsort genutzt – so von Papst Clemens VII. Medici bei der Plünderung der Ewigen Stadt durch die Truppen Kaiser Karls V., dem berühmten *Sacco di Roma* (1527).

Schon Papst Alexander VI. Borgia hatte um 1500 damit begonnen, sich prachtvolle Privatgemächer einbauen zu lassen; Papst Paul III. Farnese machte es ihm Mitte des 16. Jahrhunderts nach, während Sixtus V. Peretti (Pontifikat 1585–1590) zusätzlich eine Schatzkammer für die Geld- und Goldreserven des Vatikans anlegen ließ. Zugleich erfolgte die Erweiterung der Kellerräume in ein Gefängnis, das im Laufe der Jahrhunderte viele prominente Gefangene beherbergen sollte: Kirchenfürsten, Humanisten und Angehörige des römischen Adels, aber auch die Philosophen und Astronomen Giordano Bruno und Galileo Galilei. Als die Engelsburg 1798 durch die Truppen Napoleons zum ersten Mal in ihrer Geschichte eingenommen wurde, zerstörten die Franzosen die in Stein gemeißelten päpstlichen Wappen von Alexander VI. und Paul III. fast bis zur Unkenntlichkeit.

Gekrönt wird die Engelsburg seit der Zeit um 600 von einer Statue des Erzengels Michael. Der heute zu sehende Engel wurde 1748 von dem Flamen Peter Verschaffelt gegossen; sein Vorgänger ziert den Innenhof *(Corte dell'angelo)*. Wahrscheinlich ist, dass dort im 18. und frühen 19. Jahrhundert die Gefangenen exekutiert wurden. Puccini allerdings wählte die weitaus malerischere obere Terrasse als Schauplatz für den 3. Akt. Diese poetische Freiheit rechtfertigt nicht zuletzt der fantastische Blick auf St. Peter, von wo noch heute der Klang der Glocken herüberweht. Dagegen muss der Verzweiflungssprung von Tosca in den Tiber in den Bereich der Fiktion verwiesen werden: In Wirklichkeit wäre sie allemal auf dem Pflaster des darunter liegenden Innenhofs zu Tode gekommen.

geäußert werden, macht stutzig. Deuten könnte man sie psychologisch als Gegenstück zu Toscas *Vissi d'arte*: eine Übersprungshandlung, entrückt von der Gefährdung der realen Situation, ein Sich-Vergewissern der schöneren Erfahrungen von gestern, wofür der Anblick der »süßen Hände« nur den Impuls liefert.

Aus dieser Entrückung holt ihn Tosca zurück, die dem Geliebten den Ablauf der bevorstehenden Minuten beschreibt: erst die simulierte Erschießung – und dann nach Civitavecchia, fort über das Meer. Müsste an dieser Stelle ein Liebesduett folgen oder nicht? Man kann mit Fug und Recht kritisieren, dass Puccini hier nicht die optimale Lösung für eine so heikle Situation zwischen banger Furcht und hoffnungsvoller Erwartung gefunden hat. Gegenüber Ricordi rechtfertigte er sich damit, nicht den besten Text geliefert bekommen zu haben – wie wahr! Der italienische Puccini-Forscher Fedele d'Amico benutzt in seinem Artikel im Programmheft der Oper Rom 1990 harsche Worte für das komplizierte Sonett, das Giacosa für diese Stelle verfasste *(Amaro sol per te m'era il morire – Bitter war mir das Sterben alleine deinetwegen).* Der Dichter habe überhaupt kein Gespür für die innere Stimmung dieses Moments besessen, so d'Amico, und Puccini habe leider nicht den Mut gehabt, diese gedrechselten Verse abzulehnen. Auch die Bilder von »verklärenden Augen«, »himmlischen Sphären« und »leichten Wolken beim Sonnenuntergang« fallen deutlich unter das sonst gewohnte Niveau. Sie inspirierten den Komponisten in der Tat nur zu einem ziemlich konventionell geratenen Duett, einem Andante amoroso mit wenig plastischen Melodien und einem harfenumrauschten, ansonsten jedoch recht gleichförmig dahinströmenden Orchesterklang. Unkonventionell für ein Liebesduett ist nur, dass erst Cavaradossi, anschließend Tosca singt, sich beide aber nicht einmal zum Schluss-Refrain vereinigen.

Mit dem zunehmenden morgendlichen Licht kehrt auch die Realität ins Bewusstsein zurück. Noch einmal erklärt Tosca, die erfahrene Akteurin, dem Neuling, wie er zu fallen habe, ohne sich dabei weh zu tun, »con scenica scienza io saprei la movenza« – »mit meiner Bühnenerfahrung wüsste ich die richtige Bewegung«, doch Cavaradossi (vielleicht in intuitiver Vorahnung?) möchte lieber von ihr noch einmal den süßen Klang ihrer Stimme hören. Diese Bitte (»Parlami ancor come dianzi parlavi« – »Sprich noch einmal zu mir, wie du vorher gesprochen hast«) drückt Puccini so einfach wie anrührend aus. Dann verschafft sich ein völlig neuer, künstlich-ekstatischer Tonfall Raum, und das Duett mündet in jene Fanfaren-Melodie, die den Akt eröffnet hatte und nun – gänzlich ohne orchestrale Umspielung – unisono von beiden *con grande entusiasmo* in den Morgenhimmel über der Engelsburg geschmettert wird. Das passt so gar nicht zusammen, und man kann, im Abstand von über 100 Jahren, vor Giulio Ricordis wohlbegründeter Skepsis gegenüber dieser zentralen Szene nur den Hut ziehen. Wenn er sich, als Reaktion auf die nachträgliche Lieferung des Aktanfangs mit

Morgenstimmung und Hirtenlied, später überraschend enthusiastisch zeigte, dann mag das ein Hinweis auf das diplomatische Einlenken des Verlegers sein. Auch die Einsicht, in Anbetracht des Premierentermins nichts Substanzielles mehr ändern zu können, mag eine Rolle gespielt haben – Fragen zu diesen Widersprüchen bleiben in jedem Fall offen.

Für diesen (größten) kompositorischen Schwachpunkt der *Tosca* entschädigen die noch verbleibenden gut vier Minuten, in denen Puccini einmal mehr seinen Instinkt für optimales musikalisches Timing demonstriert: Zuerst läuten die Glocken zur vierten Morgenstunde, dann kommt der Kerkermeister, um Cavaradossi abzuholen, und Tosca gibt ihm letzte zärtliche Ermahnungen mit auf den Weg. Die Synkopen in der Begleitung durch Flöte und Harfe spiegeln die latente Unruhe wider. Das Erschießungskommando tritt auf, dazu findet Puccini eine punktierte Melodie, einem Trauer-Kondukt ähnlich, die durch eine üppige Verzierung etwas ungewohnt Instabiles erhält:

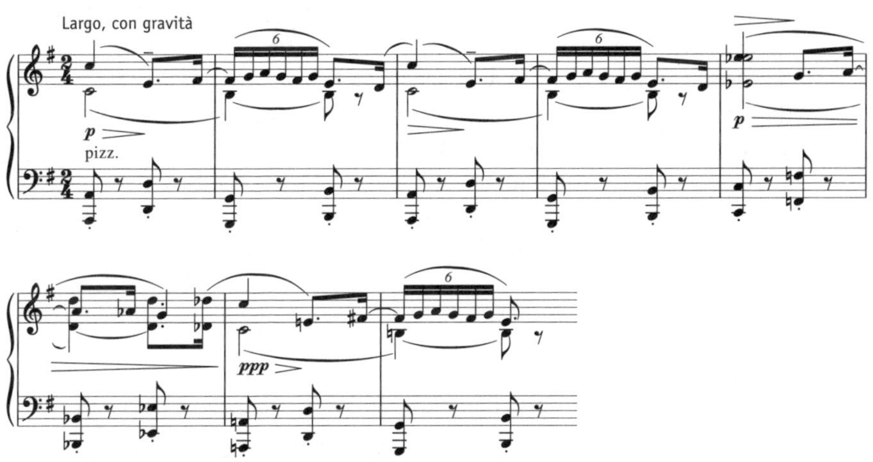

Mit den immer schärfer herausgespielten Punktierungen suggeriert die Melodie die fatale Unausweichlichkeit der Situation, doch Puccini drängt bewusst das dramatische Geschehen in den Hintergrund der Bühne, während vorne Tosca angstvoll das Geschehen kommentiert (»È una commedia, lo so … ma questa angoscia eterna pare.« – »Es ist eine Komödie, ich weiß … aber diese Angst scheint ewig zu währen.«). Sie ahnt nicht, dass die simulierte Exekution – »wie beim Grafen Palmieri« – eine infame Finte Scarpias war. Und auch im Orchester ist nichts von Simulation zu spüren, unmissverständlich bereitet sich die

Katastrophe vor, die Schüsse werden abgefeuert, Mario stürzt nieder, Tosca applaudiert ihm: »Ecco un artista!« – »Was für ein Künstler!«

Das Orchester setzt fortissimo wieder mit dem Trauermarschrhythmus ein, und so, wie sich die Soldaten Schritt für Schritt entfernen, dünnt auch die Musik aus, bis sie gänzlich verstummt ist – die von Puccini vorgeschriebene Generalpause ermöglicht einen Moment beklemmender Stille. Die letzten Takte sind ein einziges furioses Crescendo: Tosca stürzt auf den am Boden Liegenden zu, sie muss erkennen, dass er tatsächlich tot ist, sie schreit verzweifelt auf, sie scheint den Verstand zu verlieren, da tauchen Spoletta und Sciarrone auf, um den Tod Scarpias zu rächen. Das Orchester treibt die Sänger quasi vor sich her; ein letztes dramatisches Tremolo, unter Aufbietung all ihrer Kraft stößt Tosca den Angreifer Spoletta zurück, besteigt die Brüstung und schleudert allen ihre letzten Worte entgegen: »O Scarpia, avanti a Dio!« – »O Scarpia, wir sehen uns vor Gott!«

Ein übermäßiger Dreiklang *ges-d-b* als abschließender Verzweiflungsausbruch, ein hohes *b* für den lieben Gott: Nur sehr wenige Opern können mit einem so spektakulär überwältigenden Schluss aufwarten. Und genau acht weitere Takte braucht Puccini, um das Nachbeben dieser Katastrophe souverän im Orchester aufzufangen. Im dreifachen Forte erklingt noch einmal Cavaradossis *E lucevan le stelle* (warum ausgerechnet dies und nicht das Scarpia-Motiv, bleibt eine der meistdiskutierten Forscherfragen!), mit gebremster Wucht türmen sich die Schlussakkorde über den Mauern der Engelsburg und besiegeln unabänderlich das tragische Ende.

Essay: Interessieren, überraschen, rühren – »Tosca« als Paradebeispiel für Puccinis Erfolgsrezept

Schauplatz Berlin, an einem Januartag im Jahr 2012. Ende einer *Tosca*-Vorstellung in der vollbesetzten Deutschen Oper. Zwei Damen mittleren Alters, augenscheinlich dem Musik liebenden Bürgertum zuzuordnen, ziehen auf dem Weg zur Garderobe Bilanz. Sagt die eine zur anderen: »Das war doch jetzt ein richtig schöner Abend!« Und die andere nickt beifällig.

Ein »richtig schöner« Abend also, der auf der Bühne reichlich Angst und Schrecken, böse Überraschungen und alptraumhafte Erlebnisse bereithält. Eine Handlung, die mit vier Toten deutlich über dem

Durchschnitt tragischer Opern liegt. Was fasziniert Menschen – abgesehen vom musikalischen Genuss – an einem Werk, in dem sämtliche Protagonisten den Tod finden? Warum wurde *Tosca* zum Dauerliebling in der Zuschauergunst, die auch 112 Jahren nach der Uraufführung nicht gefährdet scheint? Glaubt man Puccini, dann wusste er, was das Publikum von ihm erwartete: »Es gibt bestimmte Gesetze im Theater: Interesse wecken, überraschen und rühren.« So hat es der Komponist gegenüber dem *Turandot*-Librettisten Giuseppe Adami formuliert. Und genau diese drei Komponenten sind es, die entscheidend für seine Wahl des Stoffes waren und in der *Tosca* genial miteinander verzahnt wurden.

Nicht zufällig hat Puccini Zeit seines künstlerischen Lebens mit manischem Eifer nach Stoffen gesucht, die *Interesse wecken* – ohne Wenn und Aber. In der *Tosca* ist dies der Fall, die Handlung zieht das Publikum vom ersten Moment an in ihren Bann: Wird sich Angelotti in Sicherheit bringen können? Wie reagiert Cavaradossi? Bekommt er die durch das unerwartete Auftreten Toscas entstandene, vertrackte Situation in den Griff? Pausenlos stellen sich neue Fragen – deren Antworten der kundige Opernbesucher natürlich kennt, die aber dennoch seine Aufmerksamkeit fesseln. Ähnlich ist es mit dem Moment des *Überraschens*: Am Anfang dieses Kapitels wurde bereits der Aspekt der »Störung« angesprochen, der bei *Tosca* fortwährend das Geschehen bestimmt und vorantreibt: Störung bedeutet Überraschung, sie wirkt wie Hefe für jedes Operndrama, von *Don Giovanni* über *Tristan und Isolde* bis zu *Don Carlos* oder *Lady Macbeth von Mzensk*. Entscheidend dabei ist, dass diese Störungen plausibel in den Handlungsverlauf eingebettet sind. Durften in der Barockoper noch die Götter das Geschehen stören, so regiert bei Puccini das Leben. Es zwingt die Akteure, andere zu stören – oder es zwingt ihnen Störungen auf. Das bewundernswerte Verdienst des Dreigestirns Illica / Giacosa / Puccini ist es, diese zahlreichen Überraschungsmomente höchst geschickt in den Operntext eingelassen und zu einer reißfesten Kette verknüpft zu haben.

Der dritte und entscheidende Punkt ist die *Rührung*. Dass *Tosca* stets aufs Neue das Publikum zu bewegen vermag, ist den Protagonisten zu verdanken. Der Zuschauer leidet und fiebert mit ihnen: vor allem mit der Titelfigur als Opfer ihrer Eifersucht, die über sich hinauswächst, um ihren Geliebten zu retten, und am Ende aus Verzweiflung in den Tod springt. Er leidet mit Cavaradossi, der kurz entschlossen sein Schicksal mit jenem Angelottis verbindet, der neue menschliche Ideale für sich entdeckt, für die es zu kämpfen lohnt, und für seinen

Mut mit dem Tod bestraft wird. Nicht zuletzt fiebert man sogar mit Scarpia, der weit entfernt davon ist, nur ein übler Schurke und abstoßender Fiesling zu sein. Sein Sadismus kleidet sich in das Gewand des Freigeistes. Die Fallstricke, in denen sich andere verfangen, knüpft Scarpia überhaupt erst. Er schafft seine eigenen Regeln, er setzt die Maßstäbe von Moral und Unmoral – und kann sich damit der (heimlichen) Sympathie vieler Zuschauer sicher sein.

All diese Argumente für Puccinis intuitives Verständnis von Theater sind in der deutschsprachigen Kritik jahrzehntelang vom Tisch gewischt worden. Der teutonischen Mentalität war die romanische Direktheit im Denken und Fühlen – nicht im Leben, wohl aber in der Kunst – höchst verdächtig. Die Urteile überbieten sich an bösartiger Originalität: Mahler sprach von einem »Meistermachwerk«, der Wiener Kritiker Julius Korngold von »Folterkammermusik«, Richard Specht 1931 von »verlogendstem Kolportagetheater«. Muss man sich da wundern, dass noch 2007 der Puccini-Biograf Dieter Schickling, sozusagen mit zusammengekniffenen Lippen, sich nur folgendes Urteil abringen mochte: »Alles in allem: *Tosca* ist eine effektvolle und routiniert gemachte Oper, kaum mehr.«

Folgen wir lieber Mosco Carners Einschätzung, der Tosca »ein ausgesprochen starkes Werk« nennt, »sowohl hinsichtlich seiner Konzeption als auch in Bezug auf die Ausführung«. Und werfen noch einen letzten Blick auf die Musik, in der Puccini – genau wie im Libretto – die drei Theatergesetze zu beherzigen scheint. Sinnlich ist seine Musiksprache, unverwechselbar – und raffiniert. Viel raffinierter und facettenreicher als die seiner italienischen Zeitgenossen Catalani, Mascagni, Leoncavallo oder Giordano. Für die Dämonie eines Scarpia findet er ebenso zwingende, plastische Klänge wie für den Enthusiasmus Cavaradossis und die verliebte Eifersucht Toscas. Dabei jedoch ohne die große Geste, mit der sein deutscher Antipode Richard Strauss gerne das wagnersche Bedeutungspathos zu imitieren versuchte. Puccini verehrte Wagner – keine Frage. Er übernahm manches von ihm. Aber Götter und Helden hätten auf seiner Bühne nichts zu suchen gehabt. Er schrieb Opern über Menschen. Über menschliche Gefühle, menschliche Konflikte und menschliche Tragödien. Ohne moralisches Sendungsbewusstsein und ohne philosophischen Ballast. Sein Theaterrezept ging auf. Kein Wunder, dass er mit seinen Werken seit über 100 Jahren die Menschen berührt.

Die zeitgenössische Rezeption in Italien und Deutschland

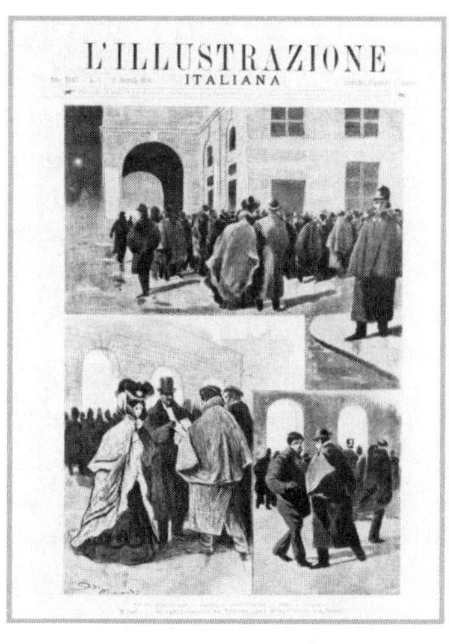

L'ILLUSTRAZIONE
ITALIANA

Dem »Tosca«-Erfolg in Rom folgte der Triumph in Mailand. »L'illustrazione italiana«, die größte italienische Zeitschrift der damaligen Zeit, dokumentierte das gesellschaftliche Ereignis in der Ausgabe vom 21. Januar 1900.

Sollte sich Giacomo Puccini am Tag nach der Uraufführung die italienischen Zeitungen angesehen haben, dann dürfte er sich in seiner Einschätzung bestätigt gefühlt haben. So unterschiedlich das Publikum die Novität beurteilt hatte, so verschieden reagierten auch die Kritiker auf den »neuen« Puccini, der – das war wohl einhellige Meinung – sehr viel anders klang als der Puccini der *Bohème*.

Immerhin: Dass das Werk eine überaus würdige Wiedergabe durch die Sänger, das Orchester und den Dirigenten Leopoldo Mugnone gefunden hatte, war allgemeiner Konsens. Aber was war von Puccinis Musik zu halten? Der Kritiker Alessandro Parisotti (der sich übrigens mit der Herausgabe von drei Bänden altitalienischer Arien, der *Arie antiche*, fest in das Gedächtnis aller Gesangsschüler einprägen sollte) kleidete seine Vorbehalte in *Il Popolo Romano* in höfliche Formulierungen: »Puccini hat seiner Partitur eine extrem bunte und abwechslungsreiche Instrumentierung gegeben. Was uns das Orchester bietet, ist immer, ich möchte nicht gerade ›tiefgreifend‹ sagen, doch ausgezeichnet variiert: So klingt jedes Stück dem Zuschauer sympathisch.«

Hin und her gerissen fühlte sich der Kritiker der noch heute existierenden römischen Tageszeitung *Il Messaggero*: »In dieser *Tosca*, in der seine [Puccinis] Künstlerseele so klar hervorbricht, gibt es neben der dramatischen Gewalt die sanfte Schmiegsamkeit der Akkorde, die freie Beweglichkeit des Rhythmus, die reiche Harmonie der gegensätzlichen und übergeordneten Schattierungen … vor allem gibt es seinen Stil, der fasziniert und hinreißt; aber es fehlt die innerste Verschmelzung, die genaue Entsprechung zwischen Handlung und Musik.«

Grundsätzlich positiv wertet auch der Kritiker der wichtigen Mailänder Tageszeitung *Corriere della Sera* in einem ganzseitigen Artikel Puccinis Fähigkeit, die »krude« Handlung mit seiner Musik zu adeln: »(…) denn das Libretto lässt keine üblichen Verzierungen, außer an wenigen Stellen, zu. Die gezwungenermaßen fragmentarischen und kurzen Sätze müssen sich jedoch einem gebrochenen, raschen, erregten Dialog anpassen.« Das knappe Fazit im *Corriere:* »In *Tosca* ist alles schwarz, tragisch, entsetzlich.«

Außerordentlich amüsant liest sich eine knappe, ironisch gemeinte »Zusammenfassung« der verschiedenen Kritiken, die Italo Carlo Falbo in der Zeitschrift *Le Cronache Musicali* dem geneigten Leser an die Hand gibt: »(…) Puccini hat einen großen Schritt nach vorn gemacht. – Puccini hat die falsche Straße eingeschlagen. – Ich bevorzuge die *Bohème*. – Ich bevorzuge die *Manon*. – Die *Tosca* begräbt alle vorhergehenden Opern von Puccini. – Das ist wirklich italienische Musik. – Man hört darin Massenet. – Man hört darin Meyerbeer. – Ebenfalls Berlioz. – Ach was! Das ist immer und nichts anderes als Puccini. (…) – Es gibt zu viele Kanzonetten. – Es gibt zu viel Deklamation. – Das erste Finale ist wirklich imponierend. – Ich bevorzuge das Vorspiel mit der Morgenstimmung. – Die beste Musik ist die Romanze der Tosca. – Die schönste ist die Arie des Cavaradossi. (…) – Diese Oper wird nicht überleben. – Diese Oper wird immer besser geschätzt und beklatscht werden. – Evviva Puccini! – Evviva Mascagni! – (ein Alter, mit Kraft): Evviva Verdi!«

»Es gab viele Zugaben – fünf, oder sechs, oder sieben, oder acht – und viele Hervorrufe. *Il Messaggero* registriert 21, *Il Giorno* 16, *La Capitale* 18, *L'Italia* 20, *Fanfulla* 25, *Il Popolo* 24, *La Tribuna* 22, *L'Italie* 24, *Avanti* 19 … Errechne Du, lieber Leser, die Summe, und dividiere: Wahrscheinlich wirst Du Dich nicht irren.«

Bei so vielen »ungesicherten« Fakten über die Zugaben und Hervorrufe tut eine Meldung gut, die drei Wochen später, am 9. Februar 1900, im *Messaggero* erschien: »Für die 14. Wiederholung der *Tosca*, die

Glückwunsch-Telegramm von Sardou

Noch am Abend der Uraufführung erhielt der Dramatiker Victorien Sardou in Paris Nachricht vom Erfolg der *Tosca* (der auch in Hinblick auf seine Tantiemen nicht unwichtig war). Postwendend antwortete er mit einem Glückwunsch-Telegramm: »Glückwünsche und Anerkennung für Sie und für alle, Illica, Giacosa, Künstler, Interpreten, Dirigent. Umarme Sie. Es lebe Puccini! Es lebe Rom, das Ihnen die Ehre erweist, die Ihrem Talent gebührt.«

als die letzte angekündigt worden war, war das Teatro Costanzi wieder gerammelt voll und in allen Platzkategorien ausverkauft. Man hatte das Gefühl, noch einmal bei der Uraufführung der Oper dabei zu sein, so großartig wirkten Parkett und Logen, in denen die elegantesten Toiletten der Damen glänzten, so gespannt war die Aufmerksamkeit des Publikums. (…) Nach dem großen Erfolg von gestern Abend wird es am Sonntag um 5 ½ eine zusätzliche Vorstellung geben, zu volkstümlichen Preisen und umsonst für Kinder in Begleitung Erwachsener.«

Schon jetzt war also der Publikumserfolg enorm. Auch der Besitzer des Teatro Costanzi konnte sich zufrieden zurücklehnen: Allein die Premiere der *Tosca* hatte ihm einen Einnahmerekord von 28 000 Lire beschert. Puccini war inzwischen längst wieder nach Torre del Lago zurückgereist. Schon am 20. Februar stand die Premiere seines neuen Werkes am Teatro Regio in Turin auf dem Programm, in derselben Besetzung wie in Rom.

Und der Erfolg sollte weiter an Fahrt gewinnen. Am 17. März erlebt *Tosca* die erfolgreiche Erstaufführung an der Mailänder Scala, wieder mit Hariclée Darclée als Titelheldin, diesmal mit Arturo Toscanini am Pult. Von nun an geht es Schlag auf Schlag, und Puccini ist vollauf damit beschäftigt, eine Premiere nach der anderen zu besuchen: Ende April in Verona, Anfang Mai in Genua, Anfang September in seiner Geburtsstadt Lucca, Mitte November in Bologna. Zwischendurch reist der Komponist nach London, wo er die Endproben der englischen Erstaufführung überwacht, die am 12. Juli 1900 im Royal Opera House Covent Garden stattfindet. Kurz zuvor hat Buenos Aires bereits die erste ausländische Aufführung realisiert: Die dortige italienischstämmige Gemeinde ist süchtig nach Puccini-Opern. 1901 singt erstmals die

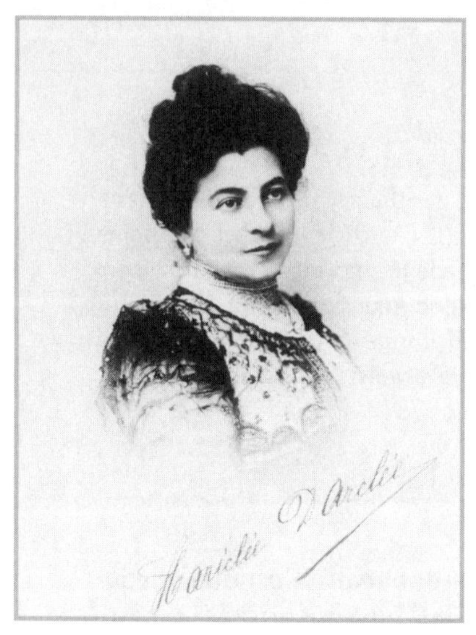

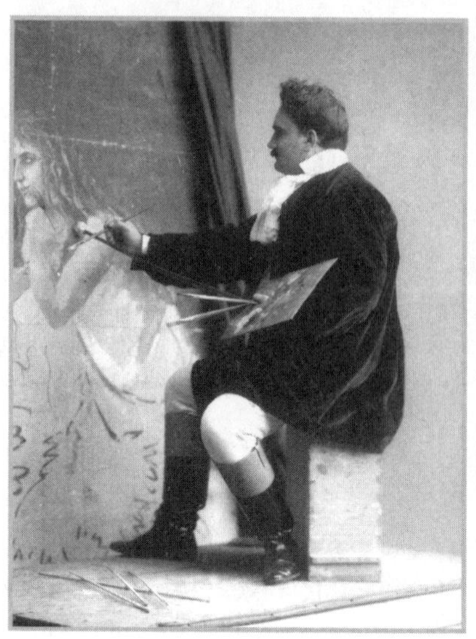

Darclée in der argentinischen Hauptstadt, diesmal an der Seite Enrico Carusos, während Arturo Toscanini dirigiert. Und am 4. Februar 1901 hält *Tosca* auch an der New Yorker Metropolitan Opera triumphalen Einzug, wie schon in London mit Milka Ternina als Tosca und Antonio Scotti als Scarpia.

»Tosca« auf Deutsch: Erstaufführung 1902 in Dresden

Und der deutschsprachige Raum? Schon früh setzte Puccini seine Hoffnungen auf die Wiener Hofoper, doch deren Direktor Gustav Mahler zeigte wenig Sympathie für den Kollegen und machte keine Anstalten, die *Tosca* in den Spielplan aufzunehmen. So fand die deutsche Erstaufführung erst am 21. Oktober 1902, fast drei Jahre nach der Uraufführung, an der Hofoper in Dresden statt, dirigiert von dem charismatischen Generalmusikdirektor Ernst von Schuch, der bald darauf mit den Uraufführungen der Richard-Strauss-Opern *Salome* (1905) und *Elektra* (1909) für Furore sorgen sollte. Dresden konnte sich in seiner musikalischen Bedeutung sicher nicht mit Wien messen, und dennoch reiste Puccini – längst mit *Madama Butterfly* beschäftigt –

Links: Die Rumänin Hariclée Darclée (1860–1939) war nicht nur die Tosca der Uraufführung, sondern sang schon 1892 die erste Wally in Catalanis gleichnamiger Oper. ▪ Rechts: Der italienische Startenor Enrico Caruso (1873–1921) musste Emilio De Marchi (1861–1917) den Vortritt lassen, da dieser mit der Hauptdarstellerin Darclée liiert war.

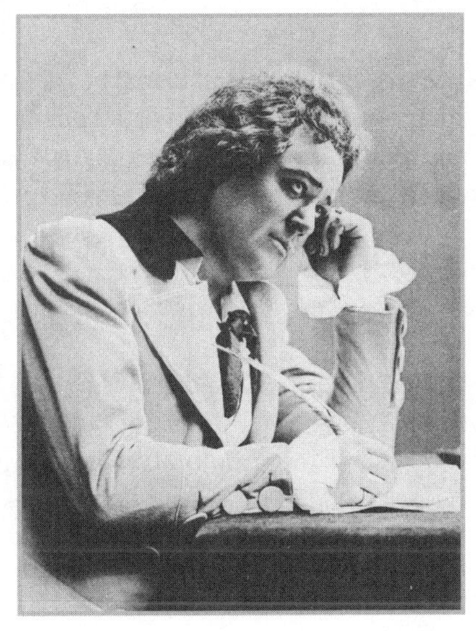

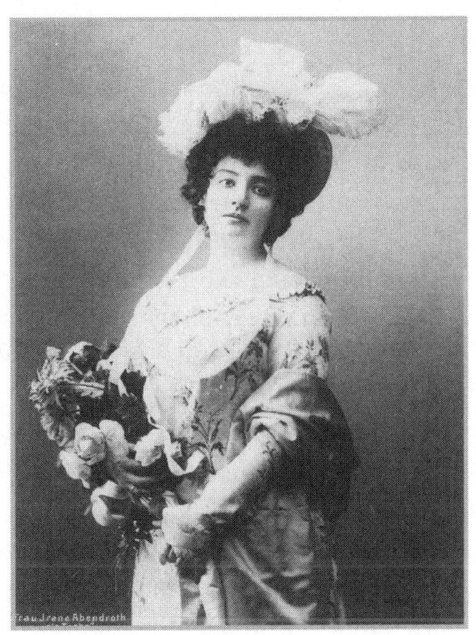

Links: Der böhmisch-tschechische Tenor Carl Burrian (1870–1924) zählte zu den bedeutendsten Wagner-Tenören seiner Zeit. ▪ Rechts: Die brillante Koloratursängerin Irene Abendroth (1872–1932) wurde auch als Tosca gefeiert.

in die ferne Elbmetropole. Leider sind keinerlei Reaktionen seinerseits überliefert. Und Pressekonferenzen mit dem berühmten Gast, wie sie heutzutage selbstverständlich sind, waren damals grundsätzlich nicht üblich …

So bleiben nur die Rezensionen der Erstaufführung. Es scheint, als hätte man sich in Deutschland schon an den neuen Stil aus Italien gewöhnt – oder fühlte man sich geschmeichelt, einen solchen Welterfolg nun erstmals in Dresden erleben zu können? Jedenfalls schreibt der Kritiker der *Dresdner Nachrichten* eine einzige Hymne auf die Novität, gefesselt gleich vom Anfang: »Schon diese paar Takte sind eine Physiognomie an sich, die Physiognomie eines starken, originellen Talents, das nicht sucht und tastet, nicht grübelt und künstelt, das seine eigene Sprache redet. (…) Und dazu die Gegensätze: das pompöse Tedeum, gleich kirchlich echt, wie dramatisch packend; die ergreifenden Töne Tosca's während ihres Flehens und Bittens um Mario's Erlösung von der Folter; das fesselnde, der Natur abgelauschte Stimmungsbild zu Anfang des dritten Aktes, den Tagesanbruch schildernd, und die folgenden Liebesscenen, für die Puccini alle Farben der neuitalienischen Schule auf seiner Palette hat und anzuwenden weiß. Wer das schreiben kann, hat das Recht, sich *Meister* zu nennen.«

Auch das Dresdner Publikum reagierte enthusiastisch: »Die Hauptdarsteller, Puccini und v. Schuch, wurden im Laufe des Abends zu Dutzend Malen gerufen, und das Publikum verließ das Haus in Stimmungen und Erregungen, wie sie nur bei ganz außergewöhnlichen Gelegenheiten in die Erscheinung zu treten pflegen. Die Königliche Generaldirektion hat mit der *Tosca* (...) eine Sensation geschaffen, die man gesehen und gehört haben muss, wenn man in Sachen des Neo-Italianismus mitreden will.«

Besser geht es wohl nicht! Dabei kann man die Besetzung durchaus als »erstaunlich« bezeichnen: Die österreichische Sopranistin Irene Abendroth galt vor allem als ausgezeichnete Koloratursängerin (die Kritik verglich sie dennoch mit Hariclée Darclée!), und der tschechische Tenor Carl Burrian sowie der Bayreuth-erprobte Bassbariton Karl Scheidemantel tendierten eher zum deutschen Fach als zum italienischen Repertoire.

Schlechter Standard: die Übersetzung von Max Kalbeck

Gesungen wurde in damaliger Zeit selbstverständlich auf Deutsch. Und die Übersetzung hatte auch für *Tosca* – wie schon für Verdis *Otello* und *Falstaff* – der Wiener Kritiker Max Kalbeck besorgt. Der gebürtige Breslauer (1850–1921) kam als 30-jähriger Journalist nach Wien und wurde dort als bekennender Anti-Wagnerianer ein gefürchteter Kritikerkollege Eduard Hanslicks und enger Freund von Johannes Brahms, über den er 1904 eine vierbändige Biografie veröffentlichte. Kalbeck übersetzte Mozart-Opern ebenso wie Smetana und viele Italiener, darunter Giordanos *Andréa Chenier,* Mascagnis *Iris* und Leoncavallos *Chatterton.* Karl Kraus ätzte in der *Fackel* über Kalbeck, er habe »fremdländische Opern angeblich ins Deutsche übertragen« – in der Tat strotzen seine deutschen Texte vor interpretatorischen Freiheiten, die sich sehr weit vom Original entfernen. Gerade weil diese Übersetzungen über Jahrzehnte verwendet wurden und sich in das kollektive Gedächtnis vieler Opernfreunde eingeprägt habe, sei hier das berühmteste Beispiel aus der *Tosca* angeführt, die Romanze *Vissi d'arte* (Original und wörtliche Übersetzung vgl. S. 89 / 90):

Nur der Schönheit weiht' ich mein Leben /
einzig der Kunst und Liebe ergeben! /
Offen die Hände /

hat ich für Arme und gab meine Spende ... /
Gläubig gleich andern Frommen /
bin ich gekommen, /
niemals stand mein Altar von Blumen leer, /
die Jungfrau schien mir gnädig, /
sie erfüllte mein Begehr. /
Nun richtet eine Stunde /
mein armes Herz zugrunde. /
Warum, mein Gott, suchst Du mich heim so schwer? /
Meine Juwelen wollt' ich der Kirche schenken, /
verirrte Seelen durch heil'gen Sang zurück zum Himmel lenken /
Warum, mein Gott und Herr, /
warum suchst Du mich heim so schwer? /
Ach, warum suchst Du mich heim so schwer, so schwer?

Nicht weniger plump ist das, was Kalbeck zu Cavaradossis Arie *Recondita armonia* einfiel: »Wie sich die Bilder gleichen / durch verborgene Zeichen / die braune Floria mein Lieb', für das ich lebe. / Und hier in sanfter Glorie / diese fremde Blondine / mit der Engelsmiene / ja, das lohnt der Mühe ...«

Da hätte es in der Tat der Mühe gelohnt, eine Neuübersetzung anzustreben, doch erst 1966 nahm sich der namhafte Regisseur Günther Rennert (1921–1978) im Rahmen der Neuausgabe des Klavierauszugs beim Verlag Ricordi dieses Vorhabens an. Doch nicht überall ist seine Fassung eng an das italienische Libretto angelehnt: Kalbeck darf in seinen Wortschöpfungen weiterleben, wenn Rennert Tosca fast unverändert singen lässt: »Nur der Schönheit weiht ich mein Leben, / einzig meiner Kunst in Liebe ergeben! / Mit offnen Händen / gab ich für Arme barmherzige Spenden.«

Inzwischen sind diese Übersetzungen mit wenigen Ausnahmen sowieso nur noch Relikte der Vergangenheit. Seit über der Bühne mitlaufende deutsche Übertitel gang und gäbe wurden, spielen auch Stadttheater heute wie selbstverständlich die *Tosca* in der Originalsprache – ob die Sänger nun des Italienischen wirklich mächtig sind oder nicht! Immerhin erfährt auf diese Weise endlich auch der deutsche Zuschauer, was das Trio Illica / Giacosa / Puccini mit dem Text genau sagen wollte.

Von Franco Zeffirelli bis Philipp Himmelmann: die Inszenierungsgeschichte der »Tosca«

Wo Realismus ohne poetischen Freiraum und philosophische Überhöhung Stilprinzip einer ganzen Oper sind, tun sich alternative Regieinterpretationen schwer. Daher waren es vor allem die großen Darstellerinnen der Tosca, die auf ihre Weise – mehr Vamp, mehr Primadonna oder mehr zärtliche Geliebte – unterschiedliche Akzente gesetzt haben. Die Reihe reicht von der Amerikanerin Geraldine Ferrar an der Met (1918 auch Puccinis erste Schwester Angelica) über die Primadonna assoluta Maria Jeritza in Wien – Puccinis Lieblings-Tosca – und Claudia Muzio an der Mailänder Scala bis zur bahnbrechenden Neuinterpretation der Rolle durch Maria Callas in den 1950er-Jahren. Doch das Gesamtkonzept wurde dadurch nur unwesentlich berührt. Es erstaunt daher auch nicht, dass manche *Tosca*-Inszenierungen oft jahrzehntelang auf den Spielplänen bleiben – und mit drei erstklassigen Protagonisten zwar routiniertes, aber dennoch packendes Operntheater bieten können.

Ein einzigartiges Beispiel dafür ist die Inszenierung von Margarethe Wallmann, die am 3. April 1958 an der Wiener Staatsoper Premiere hatte und noch heute regelmäßig auf dem Spielplan steht. Bereits 2006 wurde die 500. Vorstellung gefeiert. Man erinnere sich: 1958 war Herbert von Karajan Staatsoperndirektor (und Dirigent der Premiere), Renata Tebaldi sang die Titelpartie, Tito Gobbi den Scarpia. Margarethe Wallmann (1901 oder 1904–1992) war von Haus aus Tänzerin und Choreografin, 1949 kehrte die Jüdin aus dem argentinischen Exil zunächst nach Mailand, später nach Wien zurück und profilierte sich als erste Frau unter vielen männlichen Regisseuren. Ihre Wiener *Tosca* ist dezent und geschmackvoll, mit einer düsteren Kirche Sant'Andrea, einem

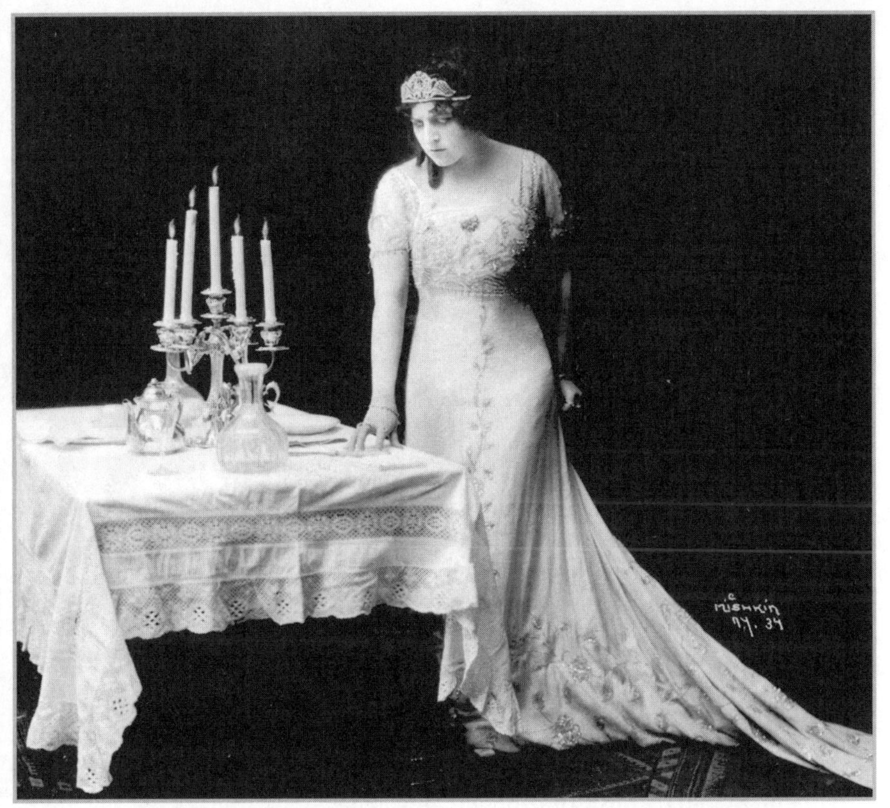

fast gemütlichen Palazzo Farnese und der wiedererkennbaren Engelsburg, mit viel Volk und der Schweizer Garde. Dazwischen bleibt genug Bewegungsfreiheit für die Sänger: Als Tosca sangen und sprangen in dieser Szenerie alle Soprandiven von Grace Bumbry und Leonie Rysanek über Gwyneth Jones bis zu Eliane Coelho und Nina Stemme in jüngster Zeit.

Die Italienerin Claudia Muzio (1889–1936) sang die Tosca zwischen 1916 und 1921 an der Metropolitan Opera.

London und New York: Zeffirellis Restaurierungsarbeit

Ein Garant für langlebige Inszenierungen ist auch der Italiener Franco Zeffirelli (geb. 1923), der seine erste *Tosca* 1964 für London produzierte (mit Maria Callas und Tito Gobbi) und die Oper 1985 an der Met in New York erneut in Szene setzte. Zum Glück hat sich von der Londoner Covent-Garden-Produktion der 2. Akt in einer schwarz-wei-

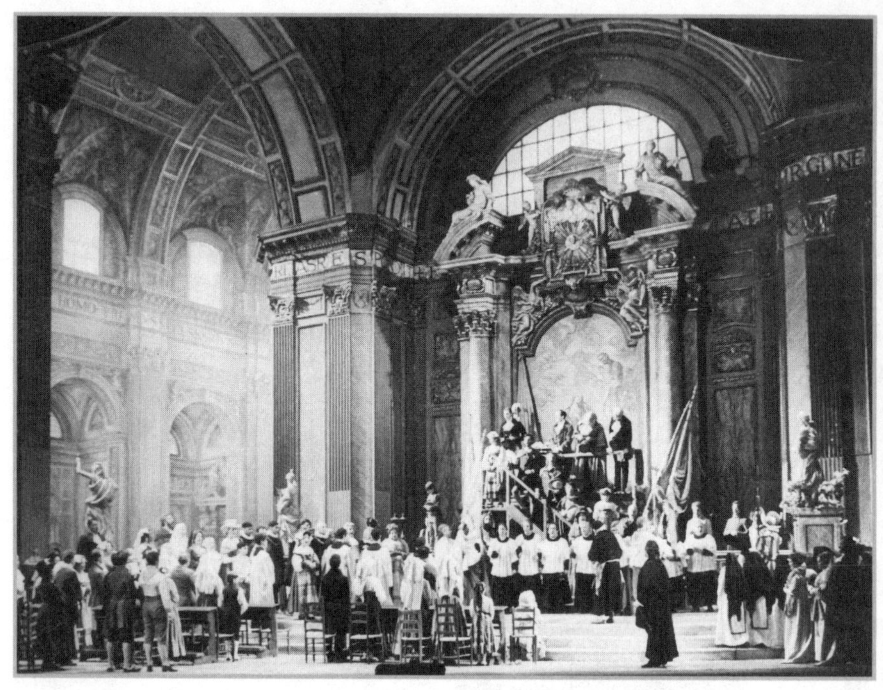

ßen TV-Übertragung erhalten. Schon hier ist erkennbar, dass Zeffirellis Konzept vom Naturalismus pur lebt. Die Räume sind vollgestopft mit Mobiliar, im Kamin lodert ein Feuer ... Waren es die nüchterne Schnörkellosigkeit und Detailversessenheit, der psychologische Realismus, die seinerzeit dem Regisseur so großes Ansehen bescherten? Heute wirkt das als Konzept eher dürftig. Dennoch: Wer über zwei Bühnen-»Tiere« wie die Callas und Gobbi verfügte, die sich seit Jahrzehnten mit ihren Rollen auseinandergesetzt hatten, benötigte damals keinen zusätzlichen originellen Regieansatz. Die Szene vibriert auch so vor Spannung, sie lebt von dem Duell, das mit jedem Blick und jeder Geste ausgetragen wird: Gobbis Scarpia strahlt Zoll für Zoll Autorität aus, die Callas als Tosca ist eine verletzliche Frau zwischen Angst und Auflehnung. Das alles spiegelt sich auch in der sängerischen Interpretation wider und drückt so diesem Mitschnitt den Stempel des Außergewöhnlichen auf.

In Franco Zeffirellis (geb. 1923) »Tosca«-Adaption von 1985 wurde die Titelrolle von Hildegard Behrens gesungen. Plácido Domingo gab den Cavaradossi und Cornell MacNeil den Scarpia.

Erst 21 Jahre später hat sich Zeffirelli in New York ein weiteres Mal mit *Tosca* beschäftigt. Originaltreue war ihm noch wichtiger geworden: »Dank Zeffirelli«, so schrieb eine amerikanische Kritikerin süffisant, »brauchen Sie auf Ihrer Italienreise diese Orte nicht mehr zu besuchen, denn er hat sie naturgetreu auf der Bühne der Met nachgebaut.« Dass Puccini die historischen Umstände einigermaßen gleichgültig waren, ignorierte Zeffirelli. Er wolle bewusst »Restaurierungsarbeit« leisten; alles solle den Geist von 1800 atmen. »Think big« war seine Devise: überwältigende Räume, imposante Charaktere. Doch das große Ganze wirkt hohl neben den vielen übertriebenen Details: dem (nur) kauzigen Sakristan, den wuselnden Nonnen, dem riesigen Baldachin samt Weihrauchwolke.

Ein Jahr später provozierte *Tosca* erstmals einen Aufschrei der konservativen Opernfreunde: In Florenz, beim Maggio Musicale Fiorentino 1986, wagte es der britische Regisseur Jonathan Miller (geb. 1934), die Handlung um 143 Jahre nach vorne zu verlegen, vom Rom der napoleonischen Ära in die Zeit der deutschen Besatzung. Scarpia ist Chef der faschistischen Militärpolizei OVRA, Cavaradossi ein Kämpfer der italienischen Resistenza. Und aus Napoleons Sieg bei Marengo wird die herbeigewünschte Befreiung durch die Alliierten. Miller, der zuvor schon mit der Verpflanzung von Verdis *Rigoletto* nach Little Italy in New York für Aufsehen gesorgt hatte, wollte damit das Stück bewusst aufwerten. *Tosca*, sagt der Regisseur (frei nach George Bernard Shaw), sei eigentlich »a rather dreadful little shocker« – »ein ziemlich grässlicher kleiner Schocker«. Aber wenn man die Oper in den Zusammenhang von Rossellinis neorealistischem Film *Roma, città aperta – Rom, offene Stadt* stelle, bekomme sie eine ganz andere Bedeutung, weil existenzielle Erfahrungen wie Unterdrückung, Folter und Sadismus viel besser erfahrbar würden. Der Erfolg gab ihm Recht, wohl auch weil nicht wenige der älteren Besucher die schrecklichen Erlebnisse der Besatzungszeit noch in Erinnerung hatten. Die ungarische Sopranistin Éva Marton war damals die zweite Anna Magnani, Zubin Mehta für die musikalische Leitung verantwortlich.

Gegen Kitsch und Schlamperei: »Tosca« als Thema des realistischen Musiktheaters

In Deutschland hatte sich zuvor schon Götz Friedrich, Schüler Walter Felsensteins an der Ost-Berliner Komischen Oper, an das viel geschmähte »Meistermachwerk« (Gustav Mahler) mit der »schwärzesten Gruseltheatralik« (der Wiener Kritiker Julius Korngold) gewagt. 1976 feierte seine Inszenierung, die Zeffirellis psychologischen Realismus sozialkritisch weiterentwickelte, an der Bayerischen Staatsoper München Premiere. »Das große Übel mit Puccini besteht in seiner Popularität«, stellte Regisseur Friedrich (1930–2000) lakonisch fest. »Gedankenlosigkeit, Interpretenwillkür, schließlich reguläre Schlamperei bemächtigten sich seiner Opern, bis ein Puccini-Bild entstand, für das Sentimentalität, Verlogenheit, Kitsch und ›Melodien-Service‹ die Synonyme wurden. Die Folgen kehrten sich gegen deren Ursache.«

Friedrich sah es als seine Aufgabe, Puccini »aus der Dunkelkammer der Routine« zu befreien. Als Verfechter des realistischen Musiktheaters geht er dem Text sowie der Wahrheit, die dahinter steht, auf den Grund. Letztlich variiert die Oper für ihn das Thema »Freiheit« in dreifacher Form: »als dynamisch-subjektiven Machtanspruch (Scarpia), als auf Veränderung zielendes rebellisches Ethos (Cavaradossi), als private, schlichte und zugleich grenzenlose Liebe (Tosca)«. Das brutale Fazit dieses Freiheitsstrebens: keine Erlösungsglorie, sondern der dreifache Tod, »bitter, entsetzlich, definitiv«. In der Münchner Premiere sangen 1976 die polnische Sopranistin Teresa Kubiak, Plácido Domingo und der US-Amerikaner Sherrill Milnes; es dirigierte Jesús López-Cobos. Die Inszenierung hat über 30 Jahre, bis 2007, in München auf dem Spielplan gestanden.

Vieles von Friedrichs Münchner Interpretationsansatz ist auch in die Berliner Inszenierung eingeflossen, die noch heute, nach mehr als 350 Vorstellungen, an der Deutschen Oper Berlin zu sehen ist. Zwar zeichnete eigentlich der renommierte Schauspielregisseur Boleslaw Barlog (1906–1999) dafür verantwortlich, doch wurde dessen Produktion von 1969 im Jahr 1987 von Friedrich selbst, dem damaligen Intendanten des Hauses, grundlegend überarbeitet. Sie spielt optisch geschickt – und stark stilisiert – mit den römischen Schauplätzen (Bühnenbild: Filippo Sanjust), andererseits legt sie besonderen Wert auf Details: Beispielsweise werden dem inhaftierten Cavaradossi bei der Folterung die Finger gebrochen, so dass er am nächsten Morgen nicht mehr in der Lage ist, seinen Abschiedsbrief an Tosca zu schreiben. Und ihren Hymnus an das zukünftige Leben schmettern die beiden Liebenden im 3. Akt einmal nicht frontal ins Publikum, sondern nach hinten, dem Licht und dem Morgen entgegen. Im Laufe der Jahrzehnte wurden unzählige internationale Stars durch diese Produktion geschleust, für Luciano Pavarotti, den immer schon schwergewichtigen Tenor, machte man jedoch besondere Kompromisse: Er musste im 1. Akt nicht das erhöhte Malerpodest erklimmen. Und seine letzte Vorstellung sang er 2003 von Anfang bis Ende im Sitzen!

Puccini zu Gast bei Verdi: »Der Kuss der Tosca«

Den vielsagenden Titel *Il bacio di Tosca – Der Kuss der Tosca* gab der Schweizer Filmemacher Daniel Schmid seinem Dokumentarfilm von 1984 über die Casa di riposo per musicisti, das berühmte Altersheim für ehemalige Musiker in Mailand. Es wurde – notabene! – nicht von dem notorisch geizigen Puccini ins Leben gerufen, sondern von Giuseppe Verdi, welcher dem Altersheim auch die zukünftigen Einnahmen aus seinen Komponistenrechten zukommen ließ. 1902, ein Jahr nach seinem Tod, wurde es eröffnet.

Schmid zeigt die alten Damen und Herren, voller Erinnerungen an eine oft glanzvolle Vergangenheit an den großen Opernhäusern Europas und Amerikas. Noch immer tragen sie die schönsten Opernrollen in ihrem Herzen, an den Wänden hängen Fotos mit Widmungen, und es bedarf nur einer kleinen Ermunterung und sie fangen wieder an zu singen. »Protagonistin« des Films ist die Sopranistin Sara Scuderi (1897–1987), die einst an der Seite des legendären Tenors Benjamino Gigli an der Scala auftrat – und selbstverständlich die Tosca viele Male interpretiert hat, zwischen 1934 und 1950 auch am Uraufführungsort, der römischen Oper. Dramatischer »Höhepunkt« dieser liebevollen Hommage an eine Vergangenheit der leidenschaftliche Hingabe an das Theater ist eine köstlich spontane Opernszene auf dem Flur des Altersheimes: Sara Scuderi alias Tosca wird unvermittelt vom Schurken Scarpia (der gerade noch telefoniert hatte) angegriffen: »Tosca, finalmente mia!« – »Tosca, endlich gehörst du mir!« Doch mit Hilfe ihres Gehstocks weiß sie sich zu wehren und den Wüstling niederzustrecken: »Questo è il bacio di Tosca!« – »Das ist der Kuss der Tosca!«

Noch einmal 1976, noch einmal Berlin, und noch einmal ein Felsenstein-Schüler: Der Österreicher Carl Riha, Jahrgang 1923, ist für die *Tosca*-Inszenierung an der Staatsoper Unter den Linden verantwortlich, die ebenfalls bis heute dort gespielt wird (mehr als 160 Vorstellungen insgesamt) und sogar den vorübergehenden Umzug in das (West-)Berliner Schiller-Theater mitgemacht hat. Auch hier bleibt die angedeutete historische Kulisse präsent, allerdings bekommt die Szenerie durch die Verwendung massiver grauer Steinwände (in der Kirche wie auch in Scarpias Palast) etwas Klaustrophobisches, das viel über die Bedrückung und Unterdrückung der handelnden Personen aussagt. Die Premieren-Tosca sang 1976 die Bulgarin Anna Tomowa-Sintow.

»Tosca« in heutiger Zeit: Berghaus, Lehnhoff, Kriegenburg

Erst seit den 1990er-Jahren ist ein verstärktes Interesse an *Tosca* auch vonseiten jener Regisseure zu verzeichnen, die in ihren Inszenierungen einen ausgeprägten eigenen ästhetischen Ansatz verwirklichen. So Ruth Berghaus (1927–1996), die nicht nur mit ihrem Frankfurter *Ring* Regiegeschichte geschrieben hat: 1993 inszenierte sie erstmals *Tosca* an historischer Stätte, am Ort der Deutschen Erstaufführung, der Semperoper Dresden. Die Regisseurin setzt ganz auf Bilder und Symbole von heute: Statt Sant'Andrea della Valle und Palazzo Farnese gibt es Bunker und DDR-Wachtturm, Lastenaufzüge und Käfige. Cavaradossi ist ein Maler, der nicht malen kann (oder nicht malen will?), Tosca vor Eifersucht blind, und die Feier des Tedeums gleicht einem Parteitagsritual mit Verkleidung. Ruth Berghaus interessiert das dramatische Potenzial der Oper mit seinen Fieberkurven wenig; statt des Todessprungs am Ende der Oper wird ein Tosca-Double in Zeitlupe vom Schnürboden heruntergelassen.

Deutlich näher am Original, dabei dennoch den aktuellen Bezug im Blick behaltend, blieb 1998 der Regisseur Nikolaus Lehnhoff (geb. 1939) mit seiner Produktion für De Nederlandse Opera in Amsterdam, die auch auf DVD festgehalten wurde. Völlig konträr zu Zeffirelli betont Lehnhoff nicht die »grandiose« Wirkung der Räume, sondern er sieht sie als Todesfallen, als Menschenkäfige, die zuletzt nur Opfer hinterlassen. Schon die Kirche Sant'Andrea hat – bei aller religiösen Anmutung mit Kerzen und Säulen – etwas Labyrinthhaftes, über dem Luca Signorellis Gemälde vom *Jüngsten Gericht* aus dem Dom zu Orvieto als Menetekel droht. Im Tedeum schlagen die Flammen im Rhythmus der Kanonenschläge aus den Säulen. Scarpias Arbeitszimmer ist eine kühl-verspiegelte Machtzentrale, aus der die verstörte Tosca am Ende nur mit Mühe den Ausgang findet.

Tod und Lust vermischen sich. Brillant inszeniert ist der Auftritt der Diva im 2. Akt, wenn sie eine große Treppe herabschreitet: Tosca trägt lange rote Handschuhe und rote Schuhe – ein Fetisch, dem Scarpia huldigt wie ihrem Pelzmantel, der dem Fell seines Katers gleicht. Der Regisseur schafft ein faszinierende Abfolge sinnlicher wie symbolkräftiger Bilder, in denen die Darsteller ihre Wünsche und Ängste ausspielen können: die rollenerfahrene Catherine Malfitano als Diva Tosca ebenso wie der charismatische walisische Debütant Bryn Terfel als mephistophelischer Genussmensch.

In ganz anderen Dimensionen bewegte sich 2007 die Inszenierung von Philipp Himmelmann (geb. 1962) für die Seebühne der Bregenzer Festspiele. 50 Meter breit und 25 Meter hoch war das suggestive Bühnenbild von Johannes Leiacker mit einem riesigen Auge, dessen Pupille vielerlei Assoziationen vom Fadenkreuz bis zum Objektiv bereithält und als Projektionsfläche für die Szenen hinter der Bühne genutzt wird. Alles ist eine Nummer spektakulärer als sonst ausgefallen: die elektrische Plattform vor dem Gemälde, auf der jeder der Protagonisten hinauf- (und wieder hinab-)fahren darf, das Aufgebot an Agenten und Gefangenen (in Zellen à la Guantanamo) und das Abrutschen von Cavaradossis Leiche in das Wasser des Bodensees, während Tosca aus luftiger Höhe die Exekution verfolgt. Konventionell bleibt Himmelmanns Regieansatz, ungewohnt sexy dagegen die Tosca (Nadja Michael) im eleganten knallroten Hosenanzug und betont machomäßig der Scarpia (Gidon Saks) mit entblößter Männerbrust und gewalttätigen Küssen. Eine ausgefeilte Lichtregie fokussiert den Blick immer wieder auf die zentralen Personen, so dass sich das Spektakel nicht völlig in äußerlichen Effekten verliert. Weltweite Bekanntheit erlangte die Produktion, als sie 2008 als optische und akustische Kulisse für einige Szenen des James-Bond-Thrillers *Quantum of Solace – Ein Quantum Trost* inklusive Verfolgungsjagd über die Seebühne genutzt wurde.

Auch in jüngster Zeit haben Regisseure versucht, das klassische Thriller-Schema der *Tosca* aufzubrechen. Große Zustimmung erzielte die Frankfurter Inszenierung von Andreas Kriegenburg (Dirigent: Kirill Petrenko), der das Spannungspotenzial der Oper durch eine minutiöse Personenregie und ergänzende Details klug auslotete. So wird der beängstigende, jede Exekution begleitende Trommelwirbel zur greifbaren Bedrohung in Gestalt eines echten Trommlers, und auch der blutbefleckte Hirte des 3. Aktes wirkt wie ein böses Omen für das Kommende. Die kahlen, funktionalen Räume aus Holz und Glas (Bühnenbild: Harald Thor) strahlen Strenge aus, hinzu kommt das allgegenwärtige Blutrot der Kulissen und Kostüme. Am Ende springt Tosca nicht in den Tod, sondern wird von einem ebenso roten Tuch wie von einem Feuerstrahl zugedeckt.

Mag der Spielraum für eine konsequente Neuinterpretation der *Tosca* durch bilderstürmerische Regisseure auch gering sein: Als Inbegriff einer unmittelbar wirkungsmächtigen Opernhandlung ist und bleibt sie ein äußerst dankbares Objekt des Interesses.

»Tosca« auf CD: Maria Callas – und die anderen

Was für eine wundersame Gleichzeitigkeit der Ereignisse! Um die Wende zum 20. Jahrhundert erklomm Giacomo Puccini mit dem Dreigestirn *La Bohème*, *Tosca* und *Madama Butterfly* die obersten Stufen zum Weltruhm. Und genau in diesen Jahren begann auch der Siegeszug der akustischen Schallaufzeichnung. Sehr schnell wurden die Opern des Italieners für die Schallplatte entdeckt, und die Tonaufnahmen machten Puccinis Werke, bei aller Unvollkommenheit der Reproduktion, noch berühmter. Als wegweisender Pionier der Bewegung darf Enrico Caruso gelten, der »Tenorissimo«, der als einer der ersten klassischen Sänger die Chancen des neuen Mediums erkannte, Matrize um Matrize besang, ein Vermögen damit verdiente – und Puccinis Hits auch in die entferntesten Winkel der zivilisierten Welt brachte. Die funkelnagelneue *Tosca* durfte dabei nicht fehlen: Schon 1902, bei seiner ersten Aufnahmesitzung überhaupt in einem Mailänder Hotel, nahm Caruso auch Cavaradossis Kurz-Hit *E lucevan le stelle* auf.

Früher Meilenstein: »Tosca« 1938 mit Beniamino Gigli

Bis zur ersten Gesamtaufnahme der Oper sollten allerdings noch einige Jahre vergehen. 1920 wagte der italienische Ableger der Firma HMV (His Master's Voice) in Mailand eine erste *Tosca*-Produktion, der 1929 eine zweite – diesmal mit elektroakustischer Technik – folgte. 1930 zog die Columbia nach, ebenfalls in Mailand, und ebenfalls mit Sängern, die heute nur noch Insidern bekannt sind. 1938 brachte die EMI eine römische *Tosca* in einem Koffer mit 28 Schellackplatten auf den Markt: Teil einer ganzen Serie von Opernproduktionen mit Beniamino Gigli, dem als legitimen Nachfolger Carusos zu gewaltiger Popularität aufgestiegenen Tenor. Nach Partien in Leoncavallos *Pagliacci* und Puccinis *Bohème* brillierte er nun in einer weiteren Paraderolle: Cavaradossi. Noch heute imponieren der Glanz seiner Stimme, die mühelose Höhe, die Natürlichkeit seiner Phrasierung. Hinzu kommt eine Jugendlichkeit des Timbres, die man einem 48-Jährigen nicht mehr unbedingt zutrauen würde.

An seiner Seite sang Maria Caniglia, die im selben Jahr auch ihr Met-Debüt in New York feierte, die Tosca. Kurzfristig für Iva Pacetti eingesprungen, die nach den ersten Aufnahmesitzungen krank wurde, zeigte Maria Caniglia ihre Stärken eher in der temperamentvollen Attacke, weniger in der liebevollen stimmlichen Umarmung. Den Scarpia interpretierte kraftvoll und schnörkellos der vielgefragte Bariton Armando Borgioli. Bemerkenswert an dieser Aufnahme unter Oliviero de Fabritiis, die noch aus der originären Puccini-Tradition schöpfen konnte (der Komponist war ja erst 14 Jahre tot), ist die Selbstverständlichkeit, mit der die Dramatik der musikalischen Spannung aufgebaut und auch wieder zurückgenommen wird. Die Tempi sind durchweg zügig, sie kleben nicht, sondern stehen immer im Dienst der Szene. Und die Sänger fügen sich organisch ein in den natürlichen Fluss der Musik, so dass ein in sich stimmiges Musikdrama entsteht.

Seitdem sind mindestens 50 weitere *Tosca*-Gesamtaufnahmen produziert worden, etwa die Hälfte davon im Studio, die übrigen als Live-Mitschnitte. Und noch immer kommen alte und neue Zeugnisse auf den Markt – ob von der Met in New York, der Mailänder Scala oder einem x-beliebigen italienischen Opernhaus, in dem eine bekannte Primadonna oder ein vermeintlicher Startenor Station gemacht hat. Angesichts dieser nahezu unüberschaubaren Vielfalt sollen hier nur Studioproduktionen (aus-)gewertet werden, die mehr als Live-Mitschnitte ein Gesamtkonzept von Dirigent, Sängern und Aufnahmeleitung erwarten lassen. Eigentlich benötigt man für *Tosca* ja »nur« drei versierte Profis aus dem italienischen Stimmfach (die gesanglichen Anforderungen dieser Oper sind vergleichsweise problemlos zu bewältigen), dazu einen Dirigenten mit Gespür für Klangfarben und gutes Timing. Doch der kritische Überblick wird zeigen, dass gerade bei *Tosca* oftmals die Schwierigkeiten im Detail verkannt werden, dass Sänger allzu sehr einem Rollenklischee erliegen oder der Dirigent sich zu stark von der Musik lenken lässt, anstatt selbst die Richtung vorzugeben. *Tosca* klingt (fast) von alleine – aber eine gute *Tosca* ist es dann noch lange nicht!

Die 1960er-Jahre: Karajan in Wien und Fischer-Dieskau mit Maazel

Nach verschiedenen Studioproduktionen der 1950er-Jahre, die große Sopranistinnen wie Renata Tebaldi, Antonietta Stella oder Zinka Milanov als Tosca präsentierten, boten die frühen 1960er-Jahre ein erstes Highlight der Stereo-Ära: Herbert von Karajans Wiener *Tosca*-Aufnahme von 1962 für die Decca. Hier kam alles zusammen: ein Dirigent mit starker Hand, ein Orchester der Extraklasse und ein exquisites Solistentrio mit Leontyne Price, Giuseppe di Stefano und Giuseppe Taddei. Vor allem Letzterer mit seinem mächtigen Bariton bietet ein elegant-gefährliches Rollenporträt des Scarpia, das unter die Haut geht. Und auch der erfahrene Cavaradossi von Giuseppe di Stefano wird vom Dirigenten klug angehalten, Leidenschaft und Seelenqual nicht zu übertreiben. Daneben wirkt die Amerikanerin Leontyne Price, die beste Aida ihrer Epoche, mit ihrer üppig gleißenden Stimme ein bisschen wie eine Hollywood-Diva auf Rom-Besuch.

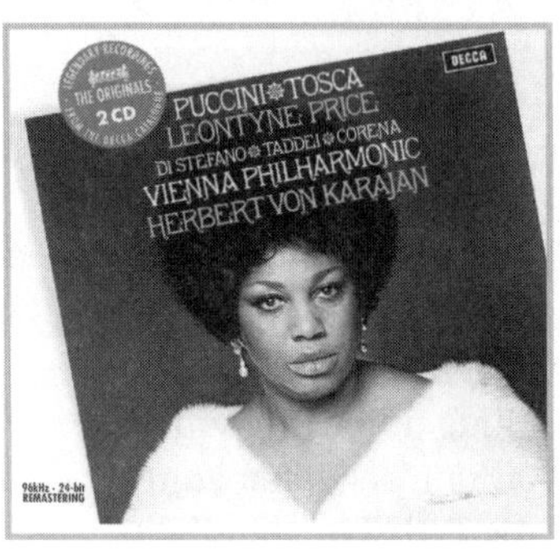

Die »Tosca«-Aufnahme mit Leontyne Price, Giuseppe die Stefano und Giuseppe Taddei unter Herbert von Karajan (Decca) wurde 1962 zusammen mit den Wiener Philharmonikern aufgenommen.

Man kann es Karajan nicht verdenken, dass er den Sound der Wiener Philharmoniker voll auskostete. Nirgends sonst klingen die Violinen so satt, die Celli so edel und die Holzbläser so delikat – bis hin zum tiefen Kontrafagott. Dazu hatte der klangsüchtige Dirigent mit John Culshaw den legendären *Ring*-Produzenten der Decca an seiner Seite, dessen persönlicher Ehrgeiz es war, für den Glockenklang echte Glocken und für den Kanonendonner echte Kanonen einzuspielen. Die Türen knarren, die Fenster quietschen – so naturalistisch sollten Opernaufnahmen damals sein! Das könnte man hinnehmen, wenn dieser Detailfetischismus nicht noch von Karajan potenziert worden wäre, der es liebte, im Klang förmlich zu baden und eher zu bremsen, wo er den Puls der Handlung hätte vorantreiben müssen.

Hier könnte man Puccini selbst als Belastungszeugen anführen, dessen Ansichten Luigi Ricci, der vertraute Freund und Dirigent, 1954 in seinem Buch *Puccini interprete di se stesso – Puccini als Interpret in*

Die legendenumwobene Tosca: Magda Olivero

»Hier wurde Geschichte wieder lebendig«, schrieb der berühmte New Yorker Kritiker Harold C. Schonberg, als Magda Olivero 1975 mit der Tosca ihr spätes Met-Debüt feierte und das Publikum zu 20-minütigen Ovationen hinriss. Wohlgemerkt: Damals war die Sopranistin bereits 65 Jahre alt! Doch zahlreiche solcher Mythen begleiten den Weg einer Sängerin, die schon 1938 in der ersten *Turandot*-Gesamteinspielung die Liù sang und 2010 in bewundernswerter Wachheit ihren 100. Geburtstag feierte. Nach ihrer Heirat hatte sie zehn Jahre auf Bühnenauftritte verzichtet und erfüllte erst 1951, nach dessen Tod, den Wunsch des Komponisten Francesco Cilea, in der Titelpartie seiner Oper *Adriana Lecouvreur* ein Comeback zu wagen.

Die Tosca galt als eine ihrer Paraderollen. Und dennoch ist Magda Oliveros legendärer Ruhm nur schwer einzuordnen. Von den großen Plattenfirmen wurde sie – warum auch immer – selten engagiert. Auch bedeutende Dirigenten haben nur sporadisch ihren Weg gekreuzt. So muss man etwa für ihre Tosca auf einen Radiomitschnitt der RAI Mailand von 1957 zurückgreifen, eine Aufführung, die der zweitklassige Dirigent Emidio Tieri sehr routiniert abspult. Magda Olivero dagegen legt in jedes Wort, in jede musikalische Wendung ihre eigene Persönlichkeit; das *Vissi d'arte* wird zum schlichten Gebet einer unschuldig Verfolgten. Nimmt man die viel gepriesene Bühnenausstrahlung der Sängerin dazu, dann ahnt man, wie Magda Olivero als Tosca ihr Publikum in den Bann gezogen haben muss.

eigener Sache zusammengefasst hat. Punkt 1 in »Puccinis Dekalog« betrifft genau die langsamen Tempi: »Er sagte, dass zu langsame Tempi die Handlung sterben lassen, sie lähmen, sie träge und schwerfällig machen, wie tote Gegenstände.« Oft genug habe der Komponist Dirigenten ermahnt: »Weiter, weiter, Maestro! Nicht zu langsam werden. Merken Sie nicht, dass dieser Abschnitt in Stücke zerbröckelt, dass dieser Teil zerbröselt, während der andere versumpft.«

Gerade einmal drei Jahre später brachte dieselbe Plattenfirma, die Londoner Decca, schon eine neue – diesmal »römische« – *Tosca* heraus. Sie soll deshalb hier besondere Erwähnung finden, weil sie, betrachtet man alle Studioproduktionen, zum ersten (und einzigen) Mal einen deutschen Sänger für eine der Hauptrollen verpflichtete: Dietrich Fischer-Dieskau. Seine Interpretation ist viel diskutiert worden, umstritten war sie von Anfang an. Schließlich »wilderte« der Bariton in einem Fach, das gemeinhin nur den Italienern (und mehr und mehr den Amerikanern) zugetraut wurde. Andererseits hatte Fischer-Dieskau seit seinen Anfängen immer schon Verdi und Puccini gesungen; später sollten noch der Michele in *Il tabarro* und der Gianni Schicchi folgen. 1966 stand der Sänger zweifellos im Zenit seiner stimmlichen Möglichkeiten, und seine intensive Einfühlungsgabe in Sprache und Auftreten Scarpias schufen ein raffiniertes Porträt des Polizeichefs fernab aller Stimmprotzerei. Die führte dagegen Franco Corelli als Cavaradossi vor. Hier ließe sich wieder Luigi Ricci, der Vertraute des Komponisten, als Kronzeuge anführen: Wo piano steht, wollte Puccini auch, dass piano gesungen wird. Corelli setzte sich mit Dauer-Forte darüber hinweg. Und auch die Schwedin Birgit Nilsson war keine Tosca, die Mitleid erregen könnte: zu kühl ihr Timbre, obwohl sie ihre Turandot-Stimme durchaus zu bändigen wusste. Am Pult der Accademia di Santa Cecilia Rom stand mit dem 36-jährigen Lorin Maazel, damals Generalmusikdirektor der Deutschen Oper Berlin, ein Amerikaner, der effektvoll, aber ohne wirkliches Gespür für das richtige Timing durch die Partitur leitete.

Wie in alten Zeiten: »Tosca« auf Deutsch

Wer denn Toscas Duell mit Scarpia unbedingt verstehen und deshalb auf Deutsch hören möchte, hat immerhin zwei – allerdings alte – Studioaufnahmen zur Auswahl. 1953, im Jahr der ersten Callas-Gobbi-Produktion in Mailand, wurde in Hamburg eine *Tosca* mit dem NDR-Symphonieorchester unter Wilhelm Schüchter produziert. Schüchter war ein viel gefragter Routinier für das gesamte Opernrepertoire; seine *Querschnitte in deutscher Sprache* sind untadelige Beweise guten Kapellmeistertums. Als Cavaradossi machte Rudolf Schock, der später mehr ins populäre Repertoire rutschte, Anfang der 1950er-Jahre noch erstaunlich gute Figur; als Tosca kam die kroatische Sopranistin Carla Martinis von der Wiener Staatsoper. Josef Metternich (Scarpia) war sicherlich der »italienischste« deutsche Heldenbariton jener Tage. – 1960 entstand die zweite Gesamtaufnahme, ebenfalls mit einem beliebten Opernkapellmeister: Horst Stein, damals Generalmusikdirektor der Staatsoper Unter den Linden Berlin. Diesmal wurde die Besetzung komplett importiert: Der Ungar Sándor Kónya, ein berühmter Lohengrin, glänzte auch als Puccini-Sänger, die Polin Stefania Woytowicz kämpfte dagegen mit der Höhe und der deutschen Sprache, der Finne Kim Borg brachte seinen Bassbariton machtvoll zur Geltung.

Die *Tosca* blieb die Lieblingsoper der Londoner Decca. Zwei Aufnahmen fallen dabei aus dem üblichen Rahmen, da sie dem Typus einer eher lyrischen Titelfigur den Vorzug gaben: Tosca als stimmliche Nachfahrin von Traviata und Desdemona. Aber sowohl Mirella Freni (1978 unter Nicola Rescigno) als auch Kiri te Kanawa (1986 unter Sir Georg Solti) bleiben der Partie ebenso viel schuldig, wie sie ihr an wertvollen Nuancen hinzufügen. Der Freni glaubt man die panische Angst des 2. Aktes nicht, Kiri te Kanawa ist insgesamt ein Kunstgeschöpf ohne echten Sinn für die italienische Sprache. Und die Partner? Luciano Pavarotti (als Frenis Cavaradossi) stellt mit (edlem) Dauer-Espressivo nur sich selbst dar; Nicola Rescigno ist mehr dienender als gestaltender Dirigent. Der allgewaltige Solti dagegen vergisst über seinem präzise ausgeleuchteten Orchesterpart, dass er auch die Sänger mit einbinden sollte, so Giacomo Aragall, der eigentlich vom lyrischen Stimmtypus her gut zu Cavaradossi passt.

Akribisch und schnörkellos: die Dirigenten Riccardo Muti und Antonio Pappano

Die 100. Wiederkehr der Uraufführung im Jahr 2000 verlangte förmlich nach festlichen *Tosca*-Premieren. An der römischen Oper wäre das beinahe gescheitert (man behalf sich mit einer einmaligen *Tosca*-Gala), dafür legte sich die Mailänder Scala ins Zeug, mit einer Neuproduktion, die auf CD wie auf DVD festgehalten wurde. Prägende Kraft war Chefdirigent Riccardo Muti: Man meint zu hören, dass er die *Tosca* zum allerersten Mal dirigiert, so unverbraucht und selbstverständlich klingt Puccinis Musik. Dabei zeigt ein Blick in die Partitur, wie genau Muti jede Pause und jedes Ritardando befolgt – und trotzdem den gesamten Spannungsbogen im Auge behält.

Leider können die Sänger diesem Anspruch nur bedingt folgen, denn die Stimmprotze haben auch bei *Tosca* längst die Stilisten und Ästheten abgelöst. Maria Guleghina, die ukrainische Power-Frau, dürfte mit ihrem Sopran ganze Stadien mühelos füllen, doch für die Zwischentöne der Tosca und die Farben der italienischen Sprache fehlt ihr fast immer das Gespür. Stimmkräftig und solide ist auch Salvatore Licitra – mehr allerdings nicht. Dem Scarpia von Leo Nucci hört man durchweg das Imponieren-Wollen an; doch sein Bariton besitzt dafür weder das Volumen noch die Wandlungsfähigkeit. Für die Inszenierung von Altmeister Luca Ronconi schuf dessen bewährte Bühnenbildnerin Margherita Palli eine Szenerie vom Typus »einstürzende Altbauten«. Doch in dieser irritierenden Kulisse mit vielen schiefen Säulen und Mauern bleibt eigentlich alles beim Alten: Viel anders wird man 100 Jahre zuvor in Rom die *Tosca* auch nicht gespielt haben.

Noch einmal erwähnt werden soll an dieser Stelle Antonio Pappanos *Tosca*-Einspielung, von der zusätzlich zur Verfilmung (vgl. S. 131) auch eine »reine« CD-Aufnahme erschien. Sie bestätigt die Qualitäten dieses Dirigenten, der ebenso akribisch wie schnörkellos zu Werke ging und sich dabei vor allem auf eine Tosca-Darstellerin von allerhöchster Qualität stützen konnte. Angela Gheorghiu kommt wie Mirella Freni und Kiri te Kanawa von der Traviata her, hat aber längt eine Vielzahl an stimmlichen Facetten hinzugewonnen, die sie überlegen für die Figur der Tosca einsetzt. Da kann nur Ruggero Raimondi einigermaßen mithalten, während bei Roberto Alagna – ohne optische Ablenkung – die stimmlichen Defizite seines Tenors ungeschminkt zu Tage treten.

Die perfekte Aufnahme: Maria Callas, Giuseppe di Stefano und Tito Gobbi unter Victor de Sabata

Bleibt noch die Aufnahme aller Aufnahmen: Victor de Sabatas Einspielung von 1953, die von der EMI in Mailand produziert wurde. Ein Juwel der Schallplattengeschichte, die wahrhaft perfekte Aufnahme, die zu einem Glücksfall der *Tosca*-Rezeption geworden ist. Gerade wenn man viele Vergleichsaufnahmen gehört hat, imponiert diese *Tosca* umso mehr: Denn sie wirkt in ihrer Balance aus dramatischer Wahrhaftigkeit, klanglichem Feinschliff und lyrischer Emphase wie aus einem Guss, sie meidet alle Extreme und ist dennoch in keinem einzigen Moment bloßes Mittelmaß. Vor allem hat sie drei gleichwertige Protagonisten: Maria Callas, die ein faszinierendes Porträt der zickigen, liebenden, zutiefst verängstigten und rächenden Tosca zeichnet; Giuseppe di Stefano, der mit jugendlich-tenoraler Leidenschaft den widersprüchlichen Geist Cavaradossis genau trifft; und Tito Gobbi, der einen grandiosen Scarpia singt, getrieben von Intelligenz, Bösartigkeit und sexueller Gier. Mit spürbarer Energie wird all dies zusammengeführt und -gehalten von Victor de Sabata (1892–1967), jenem mehr legendenumwobenen als bekannten Dirigenten, in seiner einzigen (!) Opernaufnahme. Mit seiner kühlen Leidenschaftlichkeit und detailversessenen Übersicht hat er Maßstäbe gesetzt, die bis heute nie wieder erreicht worden sind.

»Tosca« auf der Filmleinwand

Wen wundert es, dass ein Stoff wie *Tosca*, der das einzigartige historische Ambiente von Rom mit einem höchst dramatischen Plot verbindet, schon bald von Filmregisseuren entdeckt wurde? Hier war es zu Anfang, in Zeiten des Stummfilms, vor allem Victorien Sardous Drama, das den Tragödinnen der Leinwand reichlich Futter für große Gesten und grelle Mimik bot: Nicht weniger als acht Filme mit dem Titel *Tosca* oder *La Tosca* wurden zwischen 1909 und 1922 abgedreht, gut verteilt auf Dänemark, Frankreich und Italien, die Niederlande und England. Puccini selbst allerdings hegte keine großen Sympathien für den Kintopp. Wolfgang Molkow hat das 2011 in seinem SWR-Essay *Oper – die Mutter des Films* so zusammengefasst: »Bei seinen Opern versteht der Schöpfer von *Tosca* und *Turandot* keinen Spaß: er trennt energisch die Welt des Zelluloid von der des Theaters. Zunächst nur sporadisch, dann auch ungehalten äußert er sich über das Medium im Zusammenhang seiner Werke; für eine Neuverfilmung der *Tosca* erreicht der Verleger Tito Ricordi nur mühsam sein brummendes Einverständnis.«

Jean Renoirs stimmungsvolle Mischfassung

20 Jahre später, der Tonfilm hatte sich längst etabliert, fand der Franzose Jean Renoir Gefallen an dem Stoff, doch die Realisierung des Films wurde zu einem wahren Hindernislauf. Renoir (1894–1979), durch Filme wie *La grande illusion – Die große Illusion* (1937) und *La règle du jeu – Die Spielregel* (1939) berühmt geworden, erhielt im Sommer 1939 die Einladung, in Italien einen *Tosca*-Film zu drehen. Mussolini selbst legte großen Wert darauf, den gerade gegründeten Cinecittà-Studios mit bekannten Namen Glanz zu verleihen. Vor Ort in Rom wurde der junge Luchino Visconti Renoirs Fremdenführer und Assistent. Auch

der Kriegsausbruch am 1. September 1939 blieb vorerst ohne Folgen, solange sich Italien neutral verhielt. So begannen die Dreharbeiten im Mai 1940, doch der Kriegseintritt Italiens kurze Zeit später zwang Renoir zur überstürzten Abreise. An seiner Stelle führte sein deutscher Regieassistent Carl (Carlo) Koch (1892–1963) die Dreharbeiten weiter, unterstützt von seiner Ehefrau, der Animationsfilm-Regisseurin Lotte Reiniger, und Luchino Visconti.

Herausgekommen ist eine stimmungsvolle Adaption, die sehr unterhaltsam Sardous Drama mit der Musik Puccinis kombiniert. Der Filmkomponist und Arrangeur Umberto Mancini stellte den Soundtrack her, indem er die Singstimmen in Puccinis Orchesterpartitur einwob. Gesungen werden nur wenige Arien, wie etwa *Vissi d'arte*, zur Untermalung der emotionalen Höhepunkte. Renoir / Visconti kürzten Sardou geschickt zusammen, und Koch inszenierte das Ganze mit einem guten Gespür für die Theatralik des Stoffes, aber auch mit einer gewissen Portion Ironie. Einen bei *Tosca* ungewohnten Anflug von Witz etwa bieten die Szenen mit der herrischen neapolitanischen Königin Maria Carolina, die sich ihren Polizeichef Scarpia zur Brust nimmt, während sie gleichzeitig einem Maler regungslos Modell zu stehen hat. Naturaufnahmen vom Palatin verbinden sich mit Eindrücken des barocken Rom (wobei statt Sant'Andrea della Valle die Kirche S. Caterina ai Funari als Drehort gewählt wurde). Schäferidylle kontrastiert mit der Folterszene im Landhaus Cavaradossis.

Den ansehnlichen Cavaradossi spielte der damals erst 25-jährige Rossano Brazzi, der später in Hollywood neben Elizabeth Taylor, Katherine Hepburn und Humphrey Bogart Karriere machte. Ihm zur Seite stand die argentinische Diva Imperio Argentina (1906–2003), die in Berlin auch von Adolf Hitler hofiert wurde und sich über Jahrzehnte hinweg als eine der populärsten spanischsprachigen Schauspielerinnen profilierte.

Anna Magnani als Tosca: Puccini in Zeiten der Resistenza

Eine überraschende Aktualisierung bietet ein Film mit dem Tosca-Zitat *Avanti a lui tremava tutta Roma* als Titel, den Carmine Gallone (1886–1973) im Nachkriegsjahr 1946 in Rom drehte. Der ungemein produktive und wandlungsfähige Italiener, der für Mussolini patriotische Afrikafilme wie *Scipione l'africano* produziert hatte und später mit *Don-Camillo*-Filmen (!) einem breiten Publikum bekannt geworden ist,

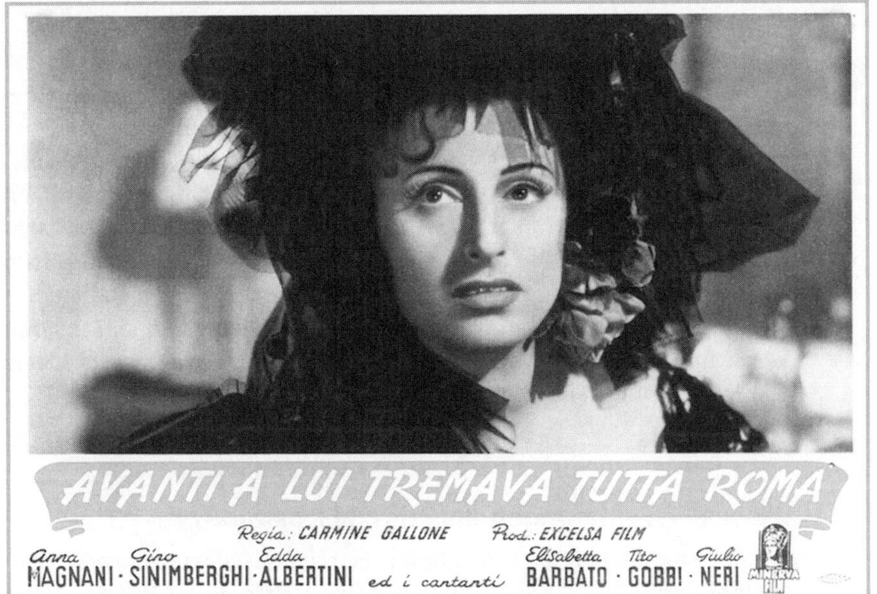

besann sich dabei auf seine deutschen Jahre. So hatte er in Berlin Musikfilme wie *Dir gehört mein Herz* mit Star-Tenor Beniamino Gigli (1938) oder *Mein Herz ruft nach dir* (1934) mit dem berühmten Künstlerpaar Márta Eggerth / Jan Kiepura gedreht. Nun also eine *Tosca* vor dem ernsten Hintergrund der deutschen Besatzung, mit echter Bedrohung, Erpressung und Folterung: Die eifersüchtige Sopranistin Ada verrät ihren Liebhaber (und Tenor) an die SS, weil sie einen im Garten seiner Land-Villa versteckt gehaltenen englischen Agenten für eine Nebenbuhlerin hält … Während beide in der römischen Oper *Tosca* aufführen müssen, besetzen die Deutschen das Opernhaus, und es kommt zum großen Showdown – allerdings dank der Solidarität der Bühnenarbeiter mit glücklichem Ausgang! In der Rolle der Ada / Tosca konnte sich, ein Jahr nach Roberto Rossellinis *Roma, città aperta*, die junge Anna Magnani in einer ganz andersartigen Rolle profilieren. Und den Scarpia (der nur seine Rolle auf der Bühne spielt, während der »echte« Polizeichef einem SS-Offizier zugedacht ist) verkörperte der Bariton Tito Gobbi, der von dem Regisseur für ein halbes Dutzend Musikfilme verpflichtet wurde.

Filmplakat zu Carmine Gallones »Tosca«-Film »Avanti a lui tremava tutta Roma« (»Vor ihm zitterte ganz Rom«) mit Anna Magnani und Tito Gobbi, 1946.

Puccini ließ Carmine Gallone nicht los. 1952 drehte er eine süßliche Adaption von Puccinis Leben, vier Jahre später wagte er sich dann an *Tosca*, einen echten Opernfilm. Angekündigt wurde er in den USA mit großen Worten: »The first complete opera ever filmed in cinemascope and color!« Dementsprechend ist diese Verfilmung der Oper denn auch geraten: Hauptsache Cinemascope und viel Farbe, ansonsten mehr oder weniger abgefilmte Bühne mit prächtigen Kostümen und großen Gesten. Immerhin wurde diese *Tosca* zum internationalen Sprungbrett für Franco Corelli. Der blendend aussehende Tenor durfte als Einziger der Sänger auch selbst spielen – seine Kollegen stellten nur ihre Stimmen zur Verfügung – und nutzte die Gelegenheit, um sich mit Verve und südländischem Feuer ins Gefecht für Cavaradossis Ideale von Freiheit und Gleichheit zu werfen.

»Tosca«-Verfilmungen an Originalschauplätzen

Einen erstaunlich altbackenen Eindruck hinterlässt heute die erste echte Opernverfilmung, die der Italiener Gianfranco de Bosio (geb. 1924) drei Jahre später an den Originalschauplätzen realisierte. Es war die Hoch-Zeit des Opernfilms, ausgelöst von der deutschen Unitel, einem Unternehmen der Kirch-Gruppe, die viel Geld in diese künstlerischen Projekte steckte und Regisseuren wie Jean-Pierre Ponnelle und Franco Zeffirelli große Freiräume ließ. De Bosio, der seine Wurzeln im Theater hat, scheint allein von der Aura der originalen Schauplätze überaus beeindruckt gewesen zu sein. Wo etwa Ponnelle Traumsequenzen und Slow Motion verwendete, bleibt hier die Kameraführung genauso konventionell wie der Schnitt. Nur selten findet De Bosio eine ungewöhnliche Perspektive, wie etwas bei der Ermordung Scarpias, die aus dessen Blickwinkel am Boden aufgenommen ist. Nicht einmal die Massenszene im Finale des 1. Aktes animierte den Regisseur dazu, einmal in eine ungewöhnliche Totale zu gehen – De Bosio hatte nicht den Ehrgeiz, mit filmischen Mitteln der Oper eine zusätzliche Interpretationsebene zu gewinnen.

Allemal eindrucksvoll sind die »echten« Schauplätze, doch hier erkennt der genaue Betrachter einige Ungereimtheiten: Im 2. Akt sind ganz deutlich die Inschriften des Farnese-Papstes Paul III. erkennbar, allerdings in seinen prächtigen Gemächern in der Engelsburg (hatte vielleicht die französische Botschaft den Palazzo Farnese nicht für Filmaufnahmen bereitstellen wollen?). Und völlig inkorrekt wirkt im 3. Akt die malerische Morgenröte über St. Peter, das bekanntlich westlich der Engelsburg liegt.

Die 1980er-Jahre brachten diverse TV-Verfilmungen, aber das Jahr 1992 bot das spektakulärste *Tosca*-Experiment überhaupt: die Puccini-Oper live von den Originalschauplätzen, jeweils zu den originalen Uhrzeiten (also mittags, spätabends und am nächsten Morgen). Fünf Satelliten übertrugen am 11./12. Juli 1992 das Ereignis in 107 Länder um den ganzen Erdball. Die technischen Vorbereitungen, überwacht von dem Opern-TV-Profi Brian Large, waren gewaltig und dauerten Jahre. Das Orchester wurde dirigiert von Zubin Mehta, der seit dem Konzert der Drei Tenöre zur Fußball-WM 1990, ebenfalls in Rom, über einschlägige Erfahrungen mit solchen Mega-Spektakeln verfügte. Alle Musiker saßen in den Studios der RAI, während die Sänger vor Ort per Monitor und Mini-Lautsprecher im Ohr mit dem live produzierten »Soundtrack« verbunden waren.

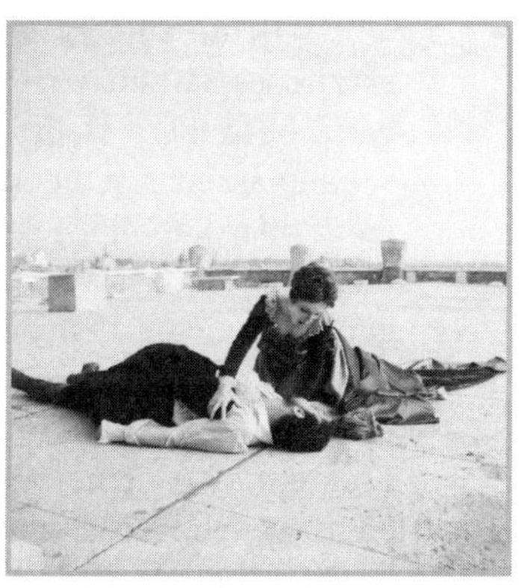

Gianfranco de Bosio ist einer der bekanntesten italienischen Theater-, Opern- und Filmregisseure seit dem Zweiten Weltkrieg. Sein »Tosca«-Film (als DVD bei DG) mit Raina Kabaivanska, Plácido Domingo und Sherrill Milnes beeindruckt vor allem wegen der Originalschauplätze.

Das Ergebnis packt den Zuschauer noch heute. Dazu trägt vor allem die ausgeklügelte Führung der unzähligen Kameras bei, die geschickt die Perspektiven wechseln: mal hautnah dran an den Sängern oder sie umkreisend, dann wieder den ganzen Raum miteinbeziehend. Von schräg unten gefilmt, kommt die prächtig ausgeleuchtete Kulisse zu imposanter Wirkung. So wurde der 2. Akt tatsächlich im Palazzo Farnese mit seinen riesigen Wandgemälden gedreht – nicht in der Galleria dei Caracci, sondern im Salotto dipinto, der heute das Arbeitszimmer des französischen Botschafters ist! Regisseur dieses Spektakels war übrigens der Italiener Giuseppe Patroni Griffi (1921–2005), ein angesehener Linksintellektueller, der ansonsten vor allem als Festivalleiter, Spielfilmregisseur und Schriftsteller erfolgreich war.

Musikalisch wie darstellerisch wird diese *Tosca* von der Titelfigur dominiert, der Amerikanerin Catherine Malfitano – sie feierte auch glänzende Erfolge als Salome –, die mit jeder Faser ihres Körpers, in ihrem Singen und Spielen der emotionalen Achterbahnfahrt der Figur nachspürt. Von ihr lässt sich auch Plácido Domingo, damals unverzichtbar als Startenor vom Dienst solcher Events, dazu animieren, nicht nur mit seiner verführerischen Stimme zu glänzen. Dritter im Bunde ist diesmal Ruggero Raimondi, als Scarpia endlich einmal nicht eindimensional-unsympathisch. Sein Spiel lässt seinen Don Giovanni in der berühmten Joseph-Losey-Verfilmung erahnen – er küsst Tosca zunächst inbrünstig, bevor er sich daran macht, den Passierschein auszustellen! Noch im Tode klammert er sich an ihr fest, dann stürzen beide zu Boden. Hier kopiert Catherine Malfitano nicht die wohlbekannte Sarah-Bernhardt-Pantomime mit Kreuz und Kandelabern: Gerade mal eine Kerze stellt sie dem toten Scarpia zur Seite, bevor sie den prächtigen Palazzo verlässt.

Beide zuletzt besprochenen Verfilmungen berühren ein grundsätzliches ästhetisches Problem, das sich in Zusammenhang mit *Tosca* ganz besonders stellt: Was bedeutet die Einbeziehung von Originalschauplätzen für die Wirkung einer Oper? Bereichern sie das Kunstwerk oder laufen sie seinen immanenten Gesetzmäßigkeiten zuwider? Puccinis *Tosca* ist – wie schon zu Anfang ausgeführt – eine der wenigen Opern, die historisch durch Ort und Zeitpunkt genau festgelegt sind, insofern bietet es sich an, von dieser Fixierung zu profitieren und die Oper dort zu »verankern«, wo sie zu Hause ist. Denn jeder Genius Loci entfaltet seine Wirkung, wenn man ihm nahe ist und sich vorstellt, welche Geschichte(n) dieser Ort in sich aufgenommen hat. Wer je auf der Plattform der Engelsburg gestanden hat, wird sich unschwer in die Gefühlswelt des Cavaradossi hineinversetzen können, wenn er die bekannten Bilder im Opernfilm vor sich sieht.

Dennoch gibt es massive Widersprüche: Zum einen ist *Tosca* eine durch und durch erfundene Geschichte, die über den historischen Background hinaus keinerlei Anspruch auf geschichtliche Authentizität erheben kann, ein reines Spiel der Fiktion vor der Folie der Historie, ersonnen für die Bühne. Insofern hinkt der Hinweis auf die angebliche geschichtliche Legitimierung einer solchen Verfilmung gewaltig. Zum anderen ist jede Oper per se in besonderer Weise ein künstliches »Mach-Werk«, da sie nicht nur Gesang und Drama in völlig »unrealistischer« Manier kombiniert, sondern auch in der Konzentration und Zuspitzung auf wenige Bühnenstunden eine Verzerrung von Realität darstellt. Daher bedarf es grundsätzlich eines anderen Zugriffs als nur der Nutzung der Originalschauplätze: Es sind vor allem eine durchdachte Regie, aber auch Bühnenbild und Licht, die den Kern eines Opernstoffes viel stärker und wahrhaftiger zum Vorschein bringen. Puccini selbst dürfte bei dem Gedanken an eine Verpflanzung seiner Opern an die echten Schauplätze nur mit dem Kopf geschüttelt haben: Das von ihm mit größter Akribie geschaffene *Abbild* der Realität auf der Opernbühne erhob für sich den Anspruch, wertvoller und künstlerisch interessanter zu sein als jede Form der (tatsächlichen) Realität.

Kammerspiel vor schwarzem Hintergrund: Benoît Jacquots origineller Film von 2001

Unter diesen Prämissen kann der vorerst letzte Beitrag zur *Tosca*-Filmothek, die Verfilmung von Benoît Jacquot aus dem Jahr 2001, auch als die gelungenste gewertet werden. Der französische Regisseur, Jahrgang 1947, gilt sonst eher als Spezialist für historische Romanverfilmungen (*Les Adieux à la Reine – Leb wohl, meine Königin* zur Eröffnung der Berlinale 2012), Dramen und Komödien; hier lieferte er seine erste Opernfilminszenierung ab. Er tappte nicht in die Originalschauplatz-Falle, sondern schuf sich im Studio eine zweite Realität, die viel von der Atmosphäre der Schauplätze einfängt, aber alle Freiheiten zur Umsetzung der eigenen Regieideen lässt. Jacquot gelingt es, geradezu ein Kammerspiel zu inszenieren, das die Verstrickungen dreier Personen filmisch wie darstellerisch genauestens ausforscht. Sogar das Finale des 1. Aktes kommt ohne jeden Volksauflauf zur Feier des Tedeums aus; alles scheint sich nur in der schwindelerregenden Vision Scarpias zu vollziehen. Immer wieder verliert sich der Hintergrund in tiefem Schwarz, um somit die Präsenz der Figuren noch stärker herauszuheben.

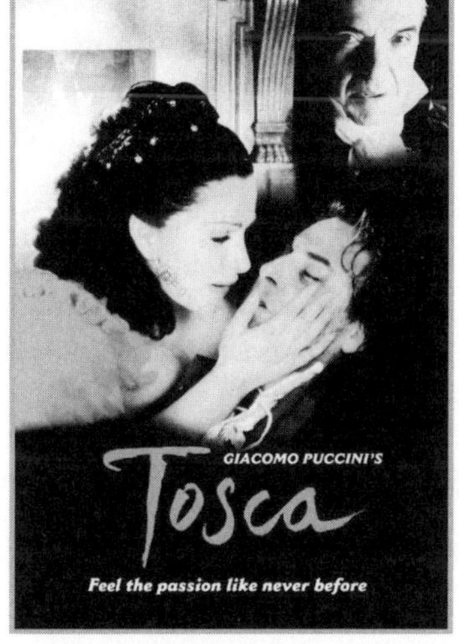

»›Tosca‹ ist Oper, ist Italien. Es geht um Sehnsucht, Leidenschaft und Mord. Um eine heißblütige Frau, gleichzeitig Engel und Teufel, die von zwei Männern begehrt wird. Außerdem noch: drei Stimmen, drei Körper. Es wird gesungen – und ich hab's gefilmt.« *Benoît Jacquot, Regisseur des »Tosca«-Films von 2001.*

Die originelle, aber nie überzogene Kameraführung unterstützt dieses Regiekonzept. Mancher filmische Einfall macht Eindruck, so die rückwärts laufenden Bilder der Erinnerung; anderes dagegen ist durchaus diskutabel, vor allem die melodramatisch über den Gesang gesprochenen Dialoge, die Brechung der Fiktion durch den abrupten Wechsel zwischen Inszenierung (in Farbe) und Studioaufnahme (in Schwarz-Weiß) oder die Einfügung verwackelter Handkamera-Aufnahmen, die etwa Cavaradossis Villa mit dem so wichtigen Brunnen zeigen.

Intensiv gearbeitet hat der Regisseur augenscheinlich auch mit den Sängern, die völlig auf die üblichen gestischen Klischees verzichten. Vor allem die Rumänin Angela Gheorghiu changiert virtuos zwischen Primadonna, eifersüchtiger Zicke und temperamentvoller Geliebten. Ihr steht ein sinnlicher Sopran zu Gebote, den sie in jeder Lage souverän und voller Nuancen einzusetzen versteht – eine Leistung, die in ihrer Art Maßstäbe für heute setzt, wie sie Maria Callas vor 50 Jahren gesetzt hat. Ihr Lebens- und Bühnenpartner Roberta Alagna (wirken vielleicht deshalb die Liebesszenen so intensiv?) profitiert als Cavaradossi ebenso stark von Jacquots Regie; sängerisch kann er dagegen nicht mit den großen Vorbildern mithalten. Und Ruggero Raimondi, ein weiteres Mal als Scarpia am Set, macht gerade durch die Reduzierung seiner darstellerischen »Mätzchen« einen entscheidenden Schritt gegenüber der Verfilmung von 1992: Hier vollzieht sich das abgefeimte Spiel des Polizeichefs viel stärker im Inneren. Die Intensität seines Spiels wie überhaupt Jacquots gesamtes Konzept geben der Opernhandlung den nötigen Raum, der sie zu einem zeitlosen menschlichen Drama werden lässt.

Anhang

Glossar

Agogisch: Betrifft leichte Temposchwankungen, zur Kenntlichmachung dienen etliche Vortragsbezeichnungen, etwa *allargando* (verbreiternd), *rallentando* (verlangsamend), *stentato* (stockend), *ritardando* (verzögernd), aber auch *accelerando* (beschleunigend).

Appassionato: Ital., wörtl. »leidenschaftlich« – Vortragsbezeichnung, die von Puccini gerne im Zusammenhang mit den Gefühlsausbrüchen seiner Protagonisten verwendet wird.

Arioso: Im Unterschied zur Arie meist ein kürzeres melodisches Gesangsstück, oft als Einschub zwischen Rezitativen.

Arpeggio: Ein Akkord, bei dem die einzelnen Töne nicht gleichzeitig, sondern nacheinander gespielt werden, wodurch sich ein harfenartiger (ital. *arpa* = Harfe) Klang ergibt.

Belcanto: Ital., wörtl. »Schöngesang«; Gesangsstil, in dem sich differenzierte stimmtechnische Fähigkeiten mit tiefem Ausdruck verbindet. Im engeren Sinne für die Opern Rossinis, Donizettis und Bellinis verwendet, im weiteren für einen spezifischen Gestus des Singens, in dem die Schönheit des Gesangs im Vordergrund steht.

Chromatisch: Griech. *chroma*, »Farbe«; Halbtonschritte, die nicht zur diatonischen (»regelgerechten«) Skala gehören und daher für »Farbe« sorgen.

Decrescendo: Ital., wörtl. »abnehmend«; bezeichnet die allmähliche Verringerung der Lautstärke; Gegenteil von ital. *crescendo* (»zunehmend«).

Dekadentismus (ital. *decadentismo*): Künstlerische Strömung am Ende des 19. Jahrhunderts / Anfang des 20. Jahrhunderts – auch Fin de Siècle genannt –, die in engem Bezug zum Begriff »Dekadenz« steht und ein Lebensgefühl des Überdrusses und des Verfalls bezeichnet.

Deklamation: Eine markante Sprech- und Singweise.

Diatonisch: Die Töne der siebenstufigen Stammreihe betreffend (im Gegensatz zu: → Chromatisch).

Dolcissimo: Superlativ von ital. *dolce* (»sanft«, »süß«).

Fermate: Ital. *fermare* (»halten«); ein über die eigentliche Zählzeit hinaus gehaltener Ton.

Introduzione: Ital., wörtl. »Einleitung«.

Kanzone: Ein kurzes vokales oder instrumentales, meist lyrisches Musikstück.

Libretto: Ital., wörtl. »Büchlein«; Operntext, der ursprünglich als kleines Buch veröffentlicht wurde.

Melodramma: Bezeichnung für die italienische Oper, insbesondere jene der Romantik.

Naturalismus: Literarische Strömung, die eine möglichst wirklichkeitsnahe, antiidealistische Darstellung in den Mittelpunkt rückt.

Opera buffa: Ital. *Buffo/a* (»komisch«, »lustig«); komische Oper, bis 1850 gebräuchliche Opernuntergattung mit glücklichem Ausgang der Handlung und oft starker Typisierung der Figuren.

Opera seria: Gegenstück zur → Opera buffa, ernste, tragische Sujets; auch musikalisch eher auf den getragenen oder dramatischen Duktus abzielend.

Parlando: Ital., wörtl. »sprechend«; ein dem natürlichen Sprachfluss angeglichener, meist rascher Gesang.

Pizzicato: Ital. *pizzicare* (»zupfen«); musikalische Vortragsbezeichnung (meist bei Streichinstrumenten).

Portamento: Das kunstvolle Anschleifen eines Tons von oben oder unten.

Psalmodierend: Nach Art des Psalms auf einem einzigen Ton fortlaufender Gesang im Stil des → Rezitativs.

Preludio: Ital., wörtl. »Vorspiel«, kürzer als eine Ouvertüre.

Rezitativ: Dem Sprechen angenäherter Gesang, meist in schnellem → Parlando, wodurch in kurzer Zeit viel Text »transportiert« und die Handlung vorangetrieben werden kann.

Sextolen: Gruppe von sechs Noten auf vier Zählzeiten des gleichen Notenwerts.

Staccato: Ital. *staccare* (»abtrennen«); musikalische Vortragsbezeichnung als Gegensatz zur gebundenen Phrase (»abgehackt«).

Sviolinata: Eine puccinische Spezialität – stark gefühlsbetonte Dopplung der Gesangsstimme durch → unisono spielende Violinen; später oft in der Filmmusik verwendet.

Synkopen: Akzentuierte Noten auf den unbetonten Taktteilen, womit der Eindruck der Unruhe oder Erregung vermittelt wird.

Tonika: Grundton einer Tonleiter bzw. dessen Dreiklang.

Tremolo: Gleichmäßige, aber unruhig-schnelle Streicherbewegung, meist zur Untermalung eines Rezitativs oder eines deklamatorischen Abschnitts.

Triolen: Gruppe von drei Noten auf zwei Zählzeiten des gleichen Notenwerts.

Tritonus: Aus drei Ganztonschritten bestehendes Intervall, auch als *diabolus in musica* (»Teufel in der Musik«) bekannt, da gegen die Regeln der reinen Harmonielehre verstoßend (und schwierig zu singen).

Übermäßige Intervalle: Intervalle, die um einen Halbtonschritt »zu groß« sind; im Gegensatz dazu sind verminderte Intervalle einen Halbtonschritt »zu klein«.

Unisono: Ital., wörtl. »Gleichklang«; mehrere Instrumente oder Stimmen spielen bzw. singen ein und dieselbe Melodie.

Zitierte und empfohlene Literatur

Zu Giacomo Puccini allgemein

Adami, Giuseppe (Hrsg.): Giacomo Puccini. Briefe des Meisters, Lindau 1948
Budden, Julian: Puccini. His Life and Works, Oxford 2002 (ital. Ausgabe: Rom 2005)
Carner, Mosco: Puccini. Biographie. Erw. dt. Neuausgabe, Frankfurt am Main und Leipzig 1996
Christen, Norbert: Giacomo Puccini. Analytische Untersuchungen der Melodik, Harmonik und Instrumentation, Hamburg 1978
Cresti, Renzo: Giacomo Puccini e il Postmoderno, Fucecchi (Florenz) 2007
Ferrarotti, Franco: Musica e società. Il caso Puccini, Chieti 2011
Fraccaroli, Arnaldo: Giacomo Puccini. Sein Leben und sein Werk, Leipzig 1926 (ital. Ausgabe: Milano 1925)
Gara, Eugenio (Hrsg.): Carteggi pucciniani, Milano 1958
Höslinger, Clemens: Giacomo Puccini, Reinbek bei Hamburg 1984
Krausser, Helmut: Die kleinen Gärten des Maestro Puccini. Roman, Köln 2008
Krausser, Helmut: Zwei ungleiche Rivalen. Puccini und Franchetti, München 2010
Maehder, Jürgen (Hrsg.): Atti del Io Convegno Internazionale sull'opera di Giacomo Puccini a Torre del Lago (1983), Pisa 1985
Marek, George R.: Puccini, London 1952
Marggraf, Wolfgang: Giacomo Puccini, Wilhelmshaven etc. 1979
Panichelli, Pietro: Il pretino di Puccini, Pisa 1939
Phillips-Matz, Mary Jane: Puccini. A biography, Boston 2002
Pipers Enzyklopädie des Musiktheaters. Hrsg. von Carl Dahlhaus und dem Forschungsinstitut für Musiktheater der Universität Bayreuth unter Leitung von Sieghart Döhring. 7 Bde., München 1986–1997
Rescigno, Eduardo (Hrsg.): Dizionario Pucciniano. Le opere, i cantanti, i personaggi, i direttori d'orchestra, gli scenografi, i librettisti, le fonti letterarie, i parenti, gli amici, le donne, le case, i viaggi, le automobili, la caccia, il cinematografo, i progetti, Milano 2004
Ricci, Luigi: Giacomo Puccini, interprete di se stesso, Milano 1954
Rugarli, Giampaolo: La divina Elvira. L'ideale femminile nella vita e nell'opera di Giacomo Puccini, Venedig 1999
Schickling, Dieter: Giacomo Puccini. Biografie. Erweiterte Neuausgabe, Stuttgart 2007
Schreiber, Ulrich: Opernführer für Fortgeschrittene. Bd. 3,1: Von Verdi und Wagner bis zum Faschismus, Kassel [4]2010
Steiger, Karsten: Opern. Ein Verzeichnis aller Aufnahmen, Wilhelmshaven 2000
Tedeschi, Rubens: Addio fiorito asil. Il melodramma italiano da Boito al verismo, Mailand 1978
Wagner, Hans-Joachim: Fremde Welten. Die Oper des italienischen Verismo, Stuttgart 1999
Weaver, William: The Puccini Companion, New York und London 1994
Wilson, Alexandra: The Puccini Problem, Cambridge etc. 2007

Zu »Tosca«

Burton, Deborah et al. (Hrsg.): Tosca's Prism. Three Moments of Western Cultural History, Boston 2004

Carner, Mosco (Hrsg.): Tosca, Cambridge etc. 1985

Csampai, Attila / Holland, Dietmar (Hrsg.): Giacomo Puccini, Tosca: Texte, Materialien, Kommentare, Reinbek bei Hamburg 1987

Grondona, Mario: Gli appunti di Puccini per »Tosca«, Lucca 2011

Programmheft der Staatsoper Unter den Linden zur »Tosca«-Inszenierung von 1976 (Regie: Carl Riha), Berlin [3]2008

Programmheft des Teatro dell'Opera di Roma zur Premiere am 13. Dezember 1990 (Regie: Mauro Bolognini), Rom 1990

Programmheft der Bayerischen Staatsoper zur Premiere am 6. Mai 1976 (Regie: Götz Friedrich), München [2]1982

Programmheft der Sächsischen Staatsoper Dresden zur Premiere am 8. Oktober 1993 (Regie: Ruth Berghaus), Dresden 1993

Programmheft der Oper Frankfurt zur Premiere am 16. Januar 2011 (Regie: Andreas Kriegenburg), Frankfurt 2011

Bibliografische Angaben zum Notenmaterial

Puccini, Giacomo: Tosca. Klavierauszug mit Text (ital. und dt.). Neue dt. Übersetzung von Günther Rennert, Milano 1966

Puccini, Giacomo: Tosca. Partitura d'orchestra, Milano 1986

Bildnachweis

Archiv der Sächsischen Staatsoper Dresden: S. 107

Archiv des Autors: S. 56, 65, 66, 106 l.

Archiv für Kunst und Geschichte: S. 44

Aumüller, Barbara: S. 71 u.

Bildarchiv Seemann Henschel Verlage: S. 7, 11, 13, 17, 19, 20, 29, 31, 39, 42, 50, 57, 63, 103, 127, 131

Bregenzer Festspiele / Christian Grass: S. 72

Creutziger, Matthias: S. 69 u.

Festspielhaus Baden-Baden / Andrea Kremper: S. 68 u.

Getty Images: S. 67 (o. Moore / Fox Photos; u. Johan Elbers / Time Life Pictures)

Horst, Michael: S. 8, 9, 15, 52

Metropolitan Opera Archive: S. 106 r., 111, 112

Rittershaus, Monika: S. 69 o.

Schwiertz, Suzanne: S. 68 o.

Stöß, Bettina: S. 70 o., 71 o.

Universal Music: S. 120, 129

Wiener Staatsoper / Axel Zeininger: S. 70 u.